船舶智能化与绿色技术丛书

超大型船舶通航安全保障关键技术

刘敬贤　魏天明　唐成港　刘　超　著

科学出版社

北京

内 容 简 介

本书内容涵盖超大型船舶的操纵特性、通航领域、通航安全计算与模拟仿真,以及通航安全关键技术的应用方案与应用指标等方面。全书共分为 9 章:第 1 章主要内容包括超大型船舶的定义、主要港口与航道及通航现状等;第 2 章系统分析超大型船舶操纵特性,为船舶的安全操纵提供理论依据;第 3~第 5 章从超大型船舶通航安全富余水深、安全航速、通航安全间距等多个方面构建超大型船舶通航领域,阐释超大型船舶通航安全控制机理;第 6~第 8 章详细阐述超大型船舶在锚泊操纵、靠离泊操纵、过驳操纵等典型场景下的通航安全关键技术及操纵措施,并针对超大型船舶的系泊安全关键问题,提出科学的泊稳安全计算模型;第 9 章深入探讨渤海海域超大型船舶通航安全关键技术的指标应用。

本书可作为交通运输工程领域的学者、研究人员、工程技术人员及交通管理人员的参考书,也可用作高等院校交通运输工程、航海科学与技术等学科的本科生、研究生专业教材。

图书在版编目(CIP)数据

超大型船舶通航安全保障关键技术 / 刘敬贤等著. -- 北京 : 科学出版社, 2024. 11. -- (船舶智能化与绿色技术丛书). -- ISBN 978-7-03-080078-7

I. U698

中国国家版本馆 CIP 数据核字第 2024XQ4981 号

责任编辑:杜 权/责任校对:高 嵘
责任印制:彭 超/封面设计:苏 波

科 学 出 版 社 出版
北京东黄城根北街 16 号
邮政编码:100717
http://www.sciencep.com

武汉市首壹印务有限公司印刷
科学出版社发行 各地新华书店经销

*

开本:787×1092 1/16
2024 年 11 月第 一 版 印张:11 3/4
2024 年 11 月第一次印刷 字数:280 000

定价:118.00 元
(如有印装质量问题,我社负责调换)

"船舶智能化与绿色技术丛书"
编 委 会

"船舶智能化与绿色技术丛书"序

近年来，世界船舶产业发展聚焦"智能"和"绿色"两大热点。国际海事组织、国际标准化组织等国际组织将"绿色智能船舶"列为重要议题，国际主要船级社先后发布了相关的规范或指导性文件，世界主要造船国家大力推进绿色智能船舶的研制与应用，船舶绿色智能化也成为我国船舶制造业发展的新机遇和新挑战。

绿色智能船舶中的"绿色"是指船舶在制造、运营、拆解的全生命过程中，以"绿色"为设计理念，在确保船舶质量、满足船舶的使用功能基础上，最大限度地降低成本，减少污染，提高船舶的资源及能源的利用率，打造环境友好型和资源节约型船舶。造船与航运业正在广泛开展船体节能技术（包括水动力节能和创新节能技术），替代燃料及主、辅机节能技术，航态优化与能效管理等技术的研究与产品开发。

绿色智能船舶中的"智能"是指利用传感器、通信、物联网、互联网等技术手段，自动感知和获取船舶自身、海洋环境、物流、港口等方面的信息和数据，并基于计算机技术、自动控制技术和大数据处理分析技术，在船舶航行、管理、维护保养、货物运输等方面实现智能化，以使船舶更加安全、环保、经济和可靠。中国船级社发布了全球首部《智能船舶规范（2015）》，综合考虑了船舶安全、能效、环保、经济和可靠的需求，将（商用）智能船舶分解为智能航行、智能船体、智能机舱、智能能效管理、智能货物管理、智能集成平台等。经过划分后，各部分自成体系，而整体上又涵盖了船舶上的各类智能系统。

当前，我国正处于世界新一轮科技革命和产业变革同我国转变发展方式的历史交汇期，发展绿色智能船舶是实现船舶工业转型升级、由造船大国向造船强国迈进所面临的千载难逢的历史机遇。我国船舶工业和航运业在绿色智能船舶领域进行了有益探索，相关科研攻关取得积极进展，船舶智能化与绿色技术的工程应用初显成效，已形成一定的技术积累和产业基础，基本与国际先进水平保持同步。为了给广大船舶科技工作者系统介绍船舶智能化与绿色技术的研究成果，将国内与国际研究相结合，更好地为国家海洋强国战略服务，科学出版社组织国内多所高校的专家学者编著了"船舶智能化与绿色技术丛书"。

"船舶智能化与绿色技术丛书"重点介绍新技术与新产品，注重学科交叉，理论与应用相结合，系统性、专业性较强。本套丛书的推出将在引领我国船舶与海洋工程领域的基础研究、原始创新和规模化发展，加快船舶与海洋工程建设水平，促进船舶与海洋工程领域研究成果转化和相关先进设备的产业化进程，推进我国成为海洋强国等方面起到积极的作用。

随着新技术特别是人工智能技术的迅猛发展，丛书内容难免会有缺陷与不足，但希望在我国船舶领域的高等学校、科研院所、造船企业及相关科技界的关怀下，在参加编著的专家学者的共同努力下，丛书的出版能够为我国船舶与海洋工程的技术进步与创新、推动船舶产业的"绿色化发展、数字化转型、智能化升级"做出应有的贡献，并为船舶与海洋工程界的科研人员和高等学校师生提供参考和指导。

吴卫国

2022 年 2 月 18 日

F 前言
FOREWORD

近年来，随着全球贸易的持续兴盛、造船工业的快速发展，以及港口条件的不断优化，船舶大型化、专业化的发展态势愈发明显。超大型油船、散货船、集装箱船的迅速增长，对航道通过能力、港口配套设施、码头靠泊能力及船舶操纵能力提出了全新的挑战。在此形势下，超大型船舶通航安全已然成为亟待解决的关键问题。

本书作者长期致力于航海技术及海事管理专业的教学与科研工作，在科研过程中始终依据社会需求，积极探索将航海理论应用于社会实践，并积累了丰富的研究资料，本书是作者对科研成果的整理、分析与提炼。本书针对超大型船舶通航安全关键技术进行了系统的探索与研究，从我国渤海海域超大型船舶通航安全标准研究入手，深入探究超大型船舶通航安全的关键技术。

本书高度重视理论研究与实践应用的紧密结合，聚焦超大型船舶通航安全关键技术，着重对超大型船舶操纵特性、超大型船舶的富余水深控制、超大型船舶安全航速和安全间距，以及超大型船舶靠离泊、锚泊、过驳操纵作业的重要环节展开理论研究与深入探讨。在通航安全关键技术的应用部分，以特定水域为实践案例，深入讨论超大型船舶通航安全关键技术的指标应用，为相关领域的研究人员、工程师和从业者提供系统的理论基础和实践指导。

本书以国家自然科学基金面上项目"受限水域多元变量耦合作用下超大型油轮富余水深计算研究"（项目编号：51479156）为依托，从超大型船舶的操纵特性、通航安全富余水深、安全航速、通航安全间距等多个方面，全面阐释超大型船舶通航安全控制机理。同时，针对超大型船舶在锚泊操纵、靠离泊操纵、过驳操纵等典型环境下的通航安全保障关键措施及操作要领进行详细阐述，并以渤海海域为应用场景，对相关指标进行应用验证。此外，通过分析超大型船舶通航安全的影响因素，针对超大型船舶的通航安全关键问题，提出科学的计算模型，并通过仿真试验验证模型的有效性。本书的相关内容不仅探讨提高超大型船舶通航安全性的方法，也为港口设计和管理提供参考依据。

本书由刘敬贤、魏天明、唐成港、刘超撰写。在本书的撰写过程中，参考了国内外大量的文献资料（本书所附参考文献仅为不完全列举），在此谨向这些文献资料的作者表示诚挚的谢意。同时，在前期资料整理、数据采集过程中得到了山东海事局、辽宁海事局的大力支持，还得到了刘钊、刘奕、刘文、郑元洲、吴炜煌、杨立超等的热情帮助，在此一并表示感谢。

　　超大型船舶通航安全保障关键技术是当前船舶通航安全研究的重点与热点，期待本书的出版能够起到抛砖引玉的作用。由于时间和水平有限，相关理论和技术还在不断更新与迭代，书中难免存在不足之处，恳请前辈、同行及读者批评指正。

作　者

2024 年 3 月 18 日

C目 录
CONTENTS

第 1 章

绪　论

1.1 超大型船舶概述

1.1.1 定义

第二次世界大战后，世界经济逐渐复苏，产业结构变化使各国之间贸易量突飞猛进，运输体系需求急剧扩大。为提高货物运输效率、降低运输成本，海运船舶逐渐呈现专业化和大型化。然而，大型船舶却一直没有明确定义，且随着船舶工业的发展，船舶大型化的衡量标准也在不断变化。以集装箱船发展为例，迄今为止，集装箱船已经发展了 7 代，每一代集装箱船的发展都大大提高了载货能力，目前世界上最大的集装箱运输船可装载 23 946 个标准箱，但是这依然不是集装箱船大型化的极限。

不同国家根据当地航道的条件对大型船舶有着不同的划分标准，甚至不同的管理者根据管理的需要，以及研究人员出于不同的研究内容和目的，对大型船舶都有着不同的定义。中华人民共和国海事局在《中华人民共和国海船船员培训合格证书签发管理办法》中定义大型船舶为 80 000 载重吨或船舶总长 250 m 及以上的船舶[1]。

随着船舶大型化的发展，超大型船舶的概念应运而生。超大型船舶目前没有一个明确的定义，其根据船舶类型有不同的分类和解释。水运学者们通常将载重大于 10 万 t 的船舶定义为超大型船舶，但随着船舶大型化的快速发展，超大型船舶这一概念越来越模糊。

查阅国内外相关资料，并参考行业内专业人员的意见[2]，根据目前行业内的普遍共识，超大型船舶一般指 15 万 t 级以上的各类船舶，主要包括超大型油轮（very large crude carrier，VLCC）、超大型集装箱船、超大型散货船等[3]。

1.1.2 船型尺度

船型尺度的统计方法为先确定船舶种类、划分船舶吨级，然后对不同吨级范围内的船舶尺度进行保证率统计，即根据船舶总长（L）、型宽（B）、型深（H）和满载吃水（T）绘制保证率曲线，取保证率 85% 所对应的船型尺度代表该吨级船舶的设计船型尺度。选择保证率为 85%，是因为该保证率所对应的船型尺度能够保证该吨级划分内的大多数船舶正常的靠港作业[4]。

《海港总平面设计规范》（JTJ 211—1999）（目前已废止）中给出了不同船型、不同吨级的设计船型尺度标准，之后交通运输部分别于 2007 年和 2013 年发布了对该规范中设计船型尺度和大型集装箱船设计船型尺度的局部修订。2014 年 5 月 1 日，由中交水运规划设计院有限公司和中交第一航务工程勘察设计院有限公司等单位编制的《海港总体设计规范》（JTS 165—2013）正式实施，该规范在《海港总平面设计规范》（JTJ 211—1999）的基础上，整合了《海港集装箱码头设计船型标准》（JTS 165-2—2009）（目前已废止）的内容。

根据《海港总体设计规范》（JTS 165—2013）中给出的船型尺度，超大型船舶为 15 万 t 级以上（且满载吃水 16.5 m 以上）的船舶，见表 1.1。

表 1.1 超大型船舶船型尺度

船舶类型（载重吨）	船长/m	船宽/m	型深/m	满载吃水/m
15 万 t 级散货船	289	45	24.3	17.9
20 万 t 级散货船	312	50	25.5	18.5
25 万 t 级散货船	325	55	26.5	20.5
30 万 t 级散货船	339	58	30.0	23.0
40 万 t 级散货船	365	65	30.4	22.0
15 万 t 级油船	274	50	24.2	17.1
25 万 t 级油船	333	60	29.7	19.9
30 万 t 级油船	334	60	31.2	22.5
45 万 t 级油船	380	68	34.0	24.5
15 万 t 级集装箱船	367	51.2	29.9	16.0
20 万 t 级集装箱船	399	59	30.3	16.0

1.1.3 发展现状

随着世界经济的复苏和航运业的发展，船舶大型化、高速化、专业化、智能化的发展趋势日益明显，特别是油船、散货船、集装箱船等。

1. 油船

油船种类很多，从不同的角度有多种分类方法，按载重吨的分类见表 1.2。

表 1.2 油船按载重吨的分类

船型	载重吨	主要特点
通用型	小于 1 万	—
灵便型	1 万～5 万	灵活性强，吃水浅，船长短，舱数量多
MR 型	3 万～5 万	多为中程成品油运输船
巴拿马型	6 万～8 万	船型以巴拿马运河通航条件为上限
阿芙拉型油轮	8 万～12 万	平均运费指数最高船型，经济性最佳
苏伊士型油轮	12 万～20 万	船型以苏伊士运河通航条件为上限
超大型油轮	20 万～32 万	—
巨型油轮	大于 32 万	—

目前，全世界建成的超大型油轮（VLCC）已有 400 余艘，约占世界油轮载重吨总量的 64%，而且随着我国石油进出口的快速发展，航行于我国沿海水域的 VLCC 不断增

加，据统计近年来进出我国沿海港口的 VLCC 超过 700 艘/年。图 1.1 所示为超大型油轮"长江之珠"。

图 1.1　超大型油轮"长江之珠"

随着沿海水域 VLCC 数量增加，船舶事故风险不断加大。据统计，2005~2013 年我国沿海水域的 VLCC 事故数为 7 起，事故损失巨大，社会影响恶劣。如 2005 年葡萄牙籍油轮"阿提哥"在我国大连海域发生严重的触礁事故，大面积原油溢漏，受污染的养殖海域达 220 km^2，造成直接经济损失达 11.6 亿元，而其对海洋生态环境的破坏更是无法估量的。由此看出 VLCC 一旦发生事故，容易造成灾难性的后果。

2. 散货船

散货船是散装货船的简称，是专门用来运输不加包扎的货物，如煤炭、矿石、木材、牲畜、谷物等。散货船按照载重吨的分类见表 1.3。

表 1.3　散货船按照载重吨的分类

船型	载重吨	主要特点
灵便型散货船（handy size bulk carrier）	2 万~5 万	对航道、运河及港口的适应性强，营运方便灵活
大灵便型（super size 或 handymax）散货船	4 万~6 万	符合大部分较大港口满载进出的需要
巴拿马型散货船（Panamax bulk carrier）	6 万~7.5 万	满载情况下可以通过巴拿马运河的最大型散货船
好望角型散货船（Cape size bulk carrier）	约 15 万	尺度限制不能通过巴拿马运河和苏伊士运河，绕行好望角和合恩角
超大型矿砂船（very large ore carrier，VLOC）	大于 20 万	——

21 世纪之前，国际上对矿砂的需求一直是稳定的，因此矿砂船的发展一直没有大的突破，数量也很有限，基本上是 20 世纪 80 年代由日本和韩国船厂建造的，其中最大的是 1986 年由韩国现代造船公司为挪威船东建造的"Berge Stahl"矿砂船，该船用于在巴西马德里亚角港和法国敦刻尔克港之间运输铁矿石。而同期中国没有建造过大型矿砂船，国内也一直没有开展大型矿砂船的研究工作，因此超大型矿砂船的主要技术一直掌握在日本和韩国手中。

进入 21 世纪，我国经济迅速发展，对钢铁的需求不断增加，矿砂进口数量激增，对矿砂船的需求大量增加，这就极大地刺激了矿砂船的发展，矿船订单数量明显增多，并且大型化的发展趋势十分明显。

我国航运公司为了确保国家战略物资运输的主动权，也相继签订了一批超大型矿砂船建造合同，促进了国内超大型矿砂船的发展。国内造船界在国家的支持下组织开发了一系列超大型矿砂船的研发工作，取得了明显成效，在技术上显著缩小了同日本和韩国的差距。

回顾船舶大型化的发展历程，油船、散货船和集装箱船大型化的趋势最为明显。以散货船为例，船舶大型化发展分为以下三个阶段。

第一阶段：自 20 世纪 50 年代起，散货船大型化进入快速发展阶段，1986 年韩国建造了一艘 36 万 t 级大型散货船。

第二阶段：1986～2010 年，在长达 20 余年的时间里再没有出现更大的船舶，所建造的船舶基本以 30 万 t 级为主。

第三阶段：2011 年，随着中国进口铁矿石的快速增长，巴西淡水河谷公司推出 40 万 t 级的超大型矿砂船，其船长 362 m，船宽 65 m，满载吃水 23 m。截至 2022 年，全球40 万 t 级超大型矿砂船共计 57 艘，主要运营在巴西—中国航线。2011 年至今，散货船的最大吨位依然维持在 40 万 t，没有新的突破。图 1.2 所示为 40 万 t 级"淡水河谷"型矿砂船。

图 1.2　40 万 t 级"淡水河谷"型矿砂船

3. 集装箱船

集装箱船又称货柜船，它在世界贸易中发挥着至关重要的作用，为全球供应链提供了便利。随着世界经济不断趋于全球化和一体化，全球集装箱运输网络正在逐步形成。特别是近年来，随着全球货运需求量的强势增长，运输干线和集装箱枢纽港的出现，以及航运技术的不断发展，集装箱船大型化的趋势日益明显，集装箱船装载能力一直在不断突破。集装箱船的发展历程见表1.4。

表 1.4　集装箱船的发展历程

发展历程	最大箱位	主要特点
第一代集装箱船（20 世纪 60 年代）	700～1000 TEU	横穿太平洋、大西洋
第二代集装箱船（20 世纪 70 年代）	1800～2000 TEU	航速 26～27 kn
第三代集装箱船（1973 年石油危机后）	3000 TEU	航速 20～22 kn，高效节能型船
第四代集装箱船（20 世纪 80 年代后期）	4400 TEU	使用高强度钢、大功率柴油机等新技术
第五代集装箱船（20 世纪 90 年代末）	4800 TEU	不能通过巴拿马运河，称为超巴拿马型
第六代集装箱船（1996～2015 年）	6000～8000 TEU	—
第七代集装箱船（2015 年至今）	18 000 TEU	可装载 1 万以上 TEU

注：TEU 为 twenty-feet equivalent unit，即 20 英尺集装箱，是国际标准箱单位

比较超大型集装箱船与其他船舶可以发现，超大型集装箱船的船型越来越多地采用环保技术，比较常见的有主机废热回收、在港时使用岸上电源、优化船体设计和采用环保涂层等。

总而言之，超大型船舶运货量大，可有效降低燃油消耗，大幅度降低船舶运输成本，是未来船型发展和运输市场选择的必然需求。目前超大型船舶的建造和使用需求处于急剧上升阶段，已成为大宗散货和原油的主要运输船型。

1.1.4　发展趋势

1. 大型化发展趋势

集装箱一直以来都是船舶大型化趋势最为明显的船型，本小节以集装箱船为例介绍船舶的大型化发展趋势。

根据英国海运咨询有限公司（Ocean Shipping Consultants Limited）和克拉克森研究（Clarkson Research）有限公司公布的统计数据，1990～2007 年集装箱船舶载箱能力年均增长率达到 11.20%，其中 100～999 TEU 船舶、1000～1999 TEU 船舶、2000～2999 TEU 船舶、3000～3999 TEU 船舶和 4000～7999 TEU 船舶载箱能力的年均增长率分别为

4.85%、4.89%、8.78%、9.87%和23.82%，载箱能力越大的船舶年平均增长率越高；2004年8000 TEU 以上载箱能力船舶投入使用，当年投入使用载箱能力仅为 16 100 TEU，至2007年投入使用载箱能力达到 946 600 TEU，2004～2007年 8000 TEU 以上船舶投入使用载箱能力年均增长率达到 288.85%。截至 2020 年 3 月，全球在运营的集装箱船数超过6000 艘，总运力高达 2364.89 万 TEU（2.86 亿载重吨）。

目前，世界各地的内贸线、内支线和近洋航线多采用载箱量 2000 TEU 以下的第一代、第二代集装箱船；远洋干线主力船型多为 3000～6000 TEU 的第三代、第四代、第五代集装箱船，8000～10 000 TEU 集装箱船在逐步增加。截至 2007 年 3 月初，全球共有载箱量 8000 标箱以上的第六代、第七代集装箱船 114 艘，运力达 99 万 TEU，运力占全球集装箱总运力规模的 10%以上。对于集装箱船的“代”的划分标准国内外均有不同，除一般划分七代集装箱船外，有预测将出现马六甲海峡级极限型集装箱船。

当前投入运营的最大集装箱船是“Emma Maersk”号，其载重达 157 515 t，载箱能力为 11 000 TEU，另有 10 多条载重在 120 000 t、载箱能力约为 10 000 TEU 的集装箱船已投入运营或已向造船厂下了订单。集装箱船向大型化发展迅速，其主要原因是大型船舶经济性明显，可以明显降低成本。在满载情况下，6000 TEU 的集装箱船的营运成本比 4000 TEU 的集装箱船降低约 15%，而 8000 TEU 集装箱船的营运成本比6000 TEU 集装箱船又降低约 27%。2005 年底，德国劳氏船级社与现代重工发布了 1.3 万标箱集装箱船设计方案，据估算，其资金利息、折旧、燃料、船员与维修费用等成本比 7500 标箱船低约 29%。

2019 年 3 月，由中国船舶工业集团公司第七〇八研究所组成的验收专家组，对上海船舶运输科学研究所“25 000 箱级集装箱船型开发”项目进行验收，并达成一致通过意见。这也意味着 25 000 TEU 超大型集装箱船的问世只是时间问题。

2. 智能化趋势

近年来，船用电子信息化技术不断发展，船舶智能化程度不断提高，大型船舶在增加载运能力的同时，也在不断地提高其自身的智能化程度，智能设备的加入成为大型船舶智能化改造与建设的必然，也是船舶行业发展的必然趋势。

2019 年 5 月 8 日，由上海船舶运输科技研究所联合中国船舶工业集团公司第七〇八研究所、中国船级社、中远海运集装箱运输有限公司等国内顶尖机构自主研制的 13 500标准箱超大智能集装箱船舶“中远海运荷花”号正式交付使用。“中远海运荷花”号智能船舶率先提出“1+N”智能应用体系框架，通过搭建汇集各类功能系统的集成平台，实现智能机舱、智能能效、智能航行等功能，可面对船舶远航出现的复杂海况与气候变化，具备智能应对能力。它不但是全球第一艘同时取得中国船级社 i-ship（N，M，E，I）船级符号和英国劳氏船级社 Smart Ship 符合性证书的大型集装箱船，同时也是首艘获得智能船舶网络安全证书的船舶。

2019 年 6 月，由大连船舶重工集团为招商轮船打造的全球首艘超大型智能原油船“凯征”号顺利交付使用。“凯征”号属于 30.8 万 t 超大性油船，船长超过 300 m，依托智能化平台，船员可以全面了解船舶的状态信息，并且提供智能化的船舶航行与运载方案，帮助船舶节省运行成本。超大型油轮的装卸货是一项比较复杂的工作，涉及多个油舱间装载均衡的问题，如果装载不当会使船舶受到剪切应力的影响，影响船舶的安全航行。"凯征"号油轮通过智能液货管理系统，可以给出合理的装卸意见，极大减轻了装卸工作的难度。此外，"凯征"号装有更高集成度的传感器，能够感知船舶自身的情况及船舶周围的气象、水文、障碍物等信息，依托自动控制智能系统为船舶规划最合理的航行计划，规避不必要的风险，提高船舶安全航行的能力。

中国是最早提出智能船舶规范的国家。2019 年 12 月的中国国际海事展的航运和港口专场高级海事论坛上，中国船级社发布了《智能船舶规范》（2020）[5]，补充了远程控制及自主船舶功能等要求，使规范更加全面，推动了船舶设计的发展。

1.2 超大型船舶主要港口与航道

1.2.1 港口概况

港口的发展与一个国家的经济密切相关，世界上的大型港口分布与地区有着极为紧密的联系。从世界重要港口分布可以看出，美国、中国、法国、日本、澳大利亚都有至少一个以上的大型港口。此外，资源大国（如石油的主要出口地区中东地区）也有许多大型港口。

2006 年交通运输部出台了《全国沿海港口布局规划》，将全国港口划分为 5 大港口群，包括环渤海地区港口群、长三角地区港口群、东南沿海地区港口群、珠三角地区港口群、西南沿海地区港口群。

环渤海地区港口群由辽宁、津冀和山东沿海港口群组成，服务于我国北方沿海和内陆地区的社会经济发展。辽宁沿海港口群以大连东北亚国际航运中心和营口港为主；津冀沿海港口群以天津北方国际航运中心和秦皇岛港为主，包括唐山、黄骅等港口组成，主要服务于京津、华北及其西向延伸的部分地区；山东沿海港口群主要由青岛港、烟台港、日照港及威海港组成，主要服务于山东半岛及其西向延伸的部分地区。

长三角地区港口群依托上海国际航运中心，以上海、宁波、连云港为主，充分发挥舟山、温州、南京、镇江、南通、苏州等沿海和长江下游港口的作用，服务于长江三角洲及长江沿线地区的经济社会发展。长三角地区港口群进口石油接卸中转储运系统以上海港、南通港、宁波港、舟山港为主，相应布局南京港等港口，根据地区经济发展需要，在连云港港适当布局进口原油接卸设施。

东南沿海地区港口群以厦门港、福州港为主，还包括泉州港、莆田港、漳州港等港口，主要服务于福建和江西等内陆省份部分地区的经济社会发展。福建沿海地区港口群煤炭专业化接卸设施布局以沿海大型电厂建设为主；进口石油接卸储运系统以泉州港为主。

珠三角地区港口群由粤东和珠江三角洲地区港口组成。该地区港口群以广州港、深圳港、珠海港、汕头港为主，相应发展汕尾港、惠州港、虎门港、茂名港、阳江港等港口，主要服务于华南、西南部分地区。进口石油接卸中转储运系统由广州港、深圳港、珠海港、惠州港、茂名港、虎门港等港口组成。

西南沿海地区港口群由粤西、广西沿海和海南省的港口组成。该地区港口的布局以湛江港、防城港、海口港为主，相应发展北海港、钦州港、洋浦港、八所港、三亚港等港口，服务于西部地区开发，为海南省扩大与岛外的物资交流提供运输保障。进口石油中转储运系统由湛江港、海口港、洋浦港及广西沿海港口组成。

2020 年世界十大港口见表 1.5。

表 1.5　2020 年世界十大港口

序号	港口	说明
1	上海港	2020 年上海港货物吞吐量为 65 105 亿 t，集装箱吞吐量达 4350 万 TEU
2	新加坡港	新加坡港是新加坡的经济、文化及交通的中心。2020 年新加坡港集装箱吞吐量为 3690 万 TEU
3	宁波舟山港	舟山港 2020 年完成货物吞吐量 11.72 亿 t，同比增长 4.7%；完成集装箱吞吐量 2872 万 TEU，同比增长 4.3%，运输生产实现了逆势增长，货物吞吐量连续第 12 年保持全球第一，集装箱吞吐量位列全球第三
4	深圳港	2020 年深圳港完成货物吞吐量 2.65 亿 t，同比增长 2.8%；集装箱吞吐量 2654.77 万 TEU，同比增长 3.0%，其中出口集装箱吞吐量 1294.50 万 TEU
5	广州港	2020 年，广州港货物吞吐量 6.36 亿 t，其中内贸 4.9 亿 t；集装箱吞吐量 2350.5 万 TEU，位列全球第五，其中内贸 1445 万 TEU
6	釜山港	2020 年釜山港集装箱吞吐量达 2181 万 TEU
7	青岛港	2020 年青岛港完成货物吞吐量 6.1 亿 t，同比增长 4.7%；外贸吞吐量 4.5 亿 t，同比增长 5.9%；集装箱吞吐量 2201 万 TEU，同比增长 4.7%
8	香港港	2020 年香港港完成货物吞吐量 2.49 亿 t，同比下降 5.3%；集装箱吞吐量 1796 万 TEU，同比下降 1.9%
8	苏州港	2020 年苏州港完成货物吞吐量 5.54 亿 t，同比增长 6%；集装箱吞吐量 629 万 TEU，同比增长 4.3%
9	天津港	2020 年天津港完成货物吞吐量 4.21 亿 t，同比增长 2.2%；集装箱吞吐量 1835.31 万 TEU，同比增长 6.1%
10	鹿特丹港	2020 年鹿特丹港集装箱吞吐量超过 1430 万 TEU

1.2.2　航道概况

大型航道分布在世界各州，它们的形成原因不止考虑海洋水深气候等情况，还主要考虑地区发展。一些重要航道连接各个经济大国、能源大国的必经之地，如亚丁湾航道、马六甲海峡航道等。

1. 马六甲海峡航道

新加坡海峡东西长约 70 n mail（海里，1 n mile≈1852 m），南北宽度不等，东口宽约 19 n mail，西口窄约 9 n mail，中间最窄处仅有约 2.5 n mail，海峡内多岛屿和浅滩，霍斯堡灯塔附近水深仅有 8.2 m，除浅滩外，航道内水深在 22 m 以上。马六甲海峡是连接印度洋和太平洋的海上通道，对日本、中国等国家来说，马六甲海峡是主要的能源运输通道，因此被称为"海上生命线"。

2. 亚丁湾航道

亚丁湾航道是位于也门和索马里之间的一片阿拉伯海水域航道，它通过曼德海峡与北方的红海相连，并以也门的海港亚丁为名。亚丁湾航道是船只快捷往来地中海和印度洋的必经站，又是波斯湾石油输往欧洲和北美洲的重要水路。航道西侧有亚丁港、吉布提港，它们是印度洋通向地中海、大西洋航线的重要燃料港和贸易中转港，具有重要的战略地位。

我国大型航道围绕国内的大型港口而建设，大致分为渤海湾大型航道、长江口深水航道、珠江口深水航道、北部湾深水航道。深水航道承载了我国大型矿砂、能源、散货等的运输任务，是我国在世界水运中不可或缺的一个支点。

码头和航道建设促进了我国航运业的繁荣，但繁盛的航运业之下却隐藏着巨大的潜在隐患。大型油轮频繁进出我国沿海水域对现有通航秩序造成了较大影响，时有发生的大型船舶水上交通事故，如碰撞、溢油、断缆、触礁等，不仅可能导致人身损害及财产损失，而且会对海洋生态环境造成灾难性破坏。

1.3　超大型船舶通航安全概述

1.3.1　通航安全研究进展

1. 国外研究进展

超大型船舶通航安全标准是一个世界性的课题，其中日本学者对超大型船舶操纵性能的研究进行得比较深入，它主要建立在早期各国学者对超大型船舶的操纵性能研究的基础上，其研究成果对保障超大型船舶在日本内海的航行安全起到了很好的作用。

为了保障超大型船舶通航安全，提高水域利用率，发挥船舶的经济效益，Härting 等[6]和 Howell[7]应用极端值分布（extreme value distribution，EVD）方法研究船舶在浅水航道航行时所需要的富余水深（under keel clearance，UKC），主要考虑波浪作用下的船舶随机运动过程和有限的时间操作；Arlington 等[8]探讨了浅水航道静水中船舶安全航行时的时间独立随机变量——船舶在波浪作用下的传统安全富余水深边界值。Michaud 等[9]根据富余水深的组成部分精确确定船舶安全航行时的富余水深，并基于圣劳伦斯航道的主要水域数据，探讨了水位、水深和浅滩，以及通过 GPS 精确测量的船舶升沉运动和船舶在封闭水域的纵摇、横摇和下沉的动态变化。2007 年，波兰学者 Galor[10]使用动态富余水深（dynamic under keel clearance，DUKC）系统优化波兰港口水域的 UKC，考虑了船舶航行中的触底风险和船舶等待潮位的时间两个方面的因素。2009 年，英国学者Barrass[11]发表了其对船舶下沉量 37 年的研究成果，其中探讨了静态 UKC 和动态 UKC，并结合实例详细研究了船舶下沉量，包括结合集装箱船、滚装船、客船、超大型油船的下沉量和船舶下蹲与船舶航速之间的关系曲线。

此外，荷兰海事研究所（Maritime Research Institute of the Netherlands，MARIN）利用船池等实验设备，对各类船舶在不同水文、气象条件的船舶下沉量进行了测量，为船舶安全通航富余水深的确定提供了依据和支持。

随着航海仿真技术研究的不断深入，以及计算机技术的日益发展，所构建的船舶操纵运动数学模型精度越来越高，模拟的结果越来越接近实际情况。利用船舶操纵模拟器研究船舶航行方面的内容主要包括海上航线、进港航道的选线、最佳的航道宽度、适宜的航道水深、进港航道的航行安全情况评估、港口营运期间预测大于设计船型的船舶安全进出港可行性、港池合适的口门宽度确定、在拖轮协助下的船舶进港模拟、复杂水域的航行方法、共用航道排队和等候问题、港口中或停泊中船舶应急处理、受限航道乘潮水位及设计乘潮水位等。船舶操纵模拟器的应用范围越来越广，发挥着重要的科学研究作用。

2. 国内研究进展

1）富余水深

在国内，多年来广大专家学者对超大型船舶航行安全保障技术进行了大量的研究。大连海事大学的孙立成等[12]设计了专门软件，模拟影响船舶富余水深的因素在不同情况下的作用，进而提出超大型船舶在某特定水域的富余水深标准。戴冉等[13]提出了一种测量船舶下沉量的实测方法，通过测量船舶下沉量，找出下沉量与船速之间的关系，并阐述了测量原理、传感器的选择、系统的集成及数据处理方法。刘正江等[14]以 Tuck 细长体理论为基本框架，提出了新的预报限制水域中船体下沉的简易方法。古文贤[15]对国际上常用的 UKC 及下沉量的计算方法进行了梳理总结。张士喜[16]通过研究分析回淤泥沙的结构对船舶航行过程中的最小富余深度进行评估和判断。

2）安全航速

徐言民等[17]提出基于交通流要求（纵向）、航道尺度要求（横向）和富余水深要求（垂向）的船舶安全航速三维限定数学模型。郭国平等[18]根据规划中马鞍洲航道的尺度，从理论上计算出 25 万 t 油轮满载乘潮进港时，船舶安全通过马鞍洲航道时所允许的安全航速范围。雷胡根[19]以超大型油轮和散货船为代表船型，综合横向、纵向和垂向安全航速限定要求，确定了不同风级、不同流速、不同船型情况下的渤海海域超大型船舶安全航速标准。

3）安全操纵

邵闯[20]利用 Abkowitz 模型得到线性船舶操纵运动方程，并采用模型叠加岸吸力、力矩的方式推导出超大型油轮 KVLCC2 船模在限宽水域中的线性状态空间方程，再以 MATLAB 为仿真平台基于上述状态空间方程设计线性二次型调节器（linear quadratic regulator，LQR），并与极点配置控制法进行对比，验证 LQR 在横移与操舵控制上的优越性，最后考察船模在不同岸壁距离下控制效果。结果显示 LQR 通过摆舵与降速可以有效地矫正与控制船舶的运动轨迹，从而保持船舶航线的稳定性。

王珍旺[21]采用 MMG（mathematical model group）模型的建模机理，对船体、舵、桨和外界的干扰分别进行研究，建立了双桨双舵船舶的运动数学模型，并通过仿真计算实船的旋回试验曲线来验证模型的准确性。

苑冰[22]编制了《宁波港大型船舶引航操纵危险源》调查问卷，并对调查问卷进行分析汇编，找出影响宁波港大型船舶引航操纵安全的各个因素，探索其分布情况和规律，制作出宁波港大型船舶引航操纵风险矩阵图，直观显示宁波港大型船舶引航操纵风险的危险等级和危险源数量，制定了宁波港大型船舶引航操纵风险防控对策。

4）监管管理

甘浪雄等[23]借鉴某三维结构并集成企业工程思想构建了大型油轮风险集成管理的三维结构模型，将多层次的风险管理归并到三个维度（功能域、时间域及对象域），以风险三维结构为基础，探讨风险管理集成的主要构成，提出了大型油轮风险管理集成的基本模型和系统监管模式。

近年我国学者对超大型船舶浅水域压载航行最小吃水的确定方法及超大型船舶在浅水中航行下沉量的计算方法进行了研究和论述。还有学者对超大型船舶在港区及进出港航道等敏感水域的航行安全保障措施（包括引航方法、拖轮配置及交通管制等方面）进行了研究。此外，对于超大型船舶离海上单点系泊（single point mooring，SPM）、锚泊操纵及海上过驳等特殊操作亦有专门的研究成果。

然而，到目前为止的相关研究成果均没有涉及超大型船舶最大通航尺度、安全航行富余水深的确定，不同天气条件及不同装载状况下的控制通航水深、安全航速、安全领域（间距）、优化航路、主管机关的统筹监管模式，以及不同天气及海况下的船舶控制通航措施等控制条件和监管模式等内容。其中，有关超大型船舶在渤海海域通航条件的研究，特别是无规范可循的超大型船舶在港外受限海域安全富余水深的系统研究目前在国内还没有取得显著的成果。

1.3.2 通航保障需求研究进展

受限水域是相对不同吃水和不同船宽的船舶而言的，是指水深相对较浅或/和航道宽度相对较窄，以及其他通航条件受到限制的水域。以渤海海域为例，渤海作为我国唯一的内海，是我国社会关注度较高，事故后环境恢复较慢的受限水域。近年来，随着天津港、曹妃甸港、深圳港等我国沿岸港口大型原油码头、散矿码头等泊位的陆续建成投产，我国沿海超大型船舶的流量持续增加，导致超大型船舶的通航面临很大风险，通航安全监管面临很大压力。由于超大型船舶进出受限水域的关键技术研究与船舶大型化发展不同步，超大型船舶航行时的安全富余水深、航速控制、应急响应措施等均没有系统成熟的标准和管理模式，超大型船舶在航行时更多时候处于一种自由航行状态。

目前国内学者对超大型船舶通航安全保障关键技术，特别是对超"规范"的船舶安全富余水深和航速的研究处于空白状态，而且由于超大型船舶航行的历史不长，没有可参考和借鉴的安全富余水深经验值。

超大型船舶通航问题在 21 世纪开始受到国家有关部门的重视。2005 年 10 月，刘济舟院士和吴今权总工程师提出了《关于渤海湾海域通航超大型船舶研究设想》，同年 11 月徐光总工程师请示交通部开展渤海湾通行超大型船舶有关问题的研究，建议调查渤海海域通航环境、条件，确定其可行性。2006 年 12 月，交通部在《关于渤海超大型船舶航路扫测工程情况的报告》中对渤海主要航路的水深和碍航物情况进行了总结，并提出组织开展 25 m 水深航路航宽的相关研究、论证，该工作对于保护渤海海域船舶航路资源也很有必要。2007 年 6 月，交通部对《关于渤海超大型船舶航路通航有关情况的报告》做出批示，要求全面落实好相关工作计划，尽早制定渤海超大型船舶航路通航安全管理制度或规章。

2011 年和 2012 年，交通运输部海事科技项目分别对"大型油轮通航安全保障研究""渤海海域超大型船舶通航安全标准研究"两个项目进行了立项，由河北海事局作为管理单位，武汉理工大学作为项目承担单位开展了超大型船舶通航标准研究和大型油轮通航安全保障研究。超大型船舶通航标准研究和大型油轮通航安全保障进入快车道，为我国沿海受限水域超大型船舶通航标准的制定和大型油轮通航安全保障方案的确定提供了基础理论保障。以渤海海域作为应用水域提出的渤海海域超大型船舶通航标准，有效确保了渤海海域的通航安全，提高了渤海海域的通航效率。

参 考 文 献

[1] 中华人民共和国海事局. 关于印发《中华人民共和国海船船员培训合格证书签发管理办法》的通知: 海船员〔2019〕308 号. (2019-09-02)[2024-10-10]. https://www. msa. gov. cn/page/article. do?articleId= 42924EC1-0122-464D-84A7-1AC60804150D.

[2] 李雄兵. 南通港超大型船舶通航能力研究. 武汉: 武汉理工大学, 2007.

[3] 史殿中. 超大型船舶通航对航道通过能力影响的研究. 大连: 大连海事大学, 2017.

[4] 罗刚, 杨希宏, 秦福寿. 海港总平面设计规范中的设计船型尺度修订特点. 港工技术, 2003, 40(2): 16-17.

[5] 杨文英.《智能船舶规范》为智能船舶的实现保驾护航. 船舶工程, 2015, 37(12): 1.

[6] Härting A, Laupichler A, Reinking J. Considerations on the squat of unevenly trimmed ships. Ocean Engineering, 2009, 36(2): 193-201.

[7] Howell R. A port's perspective of evaluation and implementation of development opportunities with predicted under keel clearance-implications for ports using predicted under keel clearance//International Navigation Congress (30th: 2002: Sydney, NSW). Sydney, NSW: Institution of Engineers, 2002: 1334-1346.

[8] Arlington, Chris H, Larry D, et al. Dynamic squat and under keel clearance ofships in confiend channels//30th Pianc-Aipcn Congress, 2002.

[9] Michaud S, Morse B, Santerre R, et al. Precise determination of vessel squat and under-keel clearance//

Annual Conference-Canadian Society for Civil Engineering, 2002(6): 2433-2441.

[10] Galor W. Optimization of under-keel clearance during ship's manoeuvring in port water areas//European Safety and Reliability Conference (ESREL 2007), 2007(6): 2681-2688.

[11] Barrass C B. Ship squat for researchers, masters and pilots// International Conference on Ship Manoeuvring in Shallow and Confined Water: Bank Effects. RINA, 2009: 29-45.

[12] 孙立成, 何易培, 贾传荧, 等. 虾峙门外航道超大型船舶富余水深的研究. 中国航海, 1999, 2(2): 4-7.

[13] 戴冉, 贾传荧, 孙立成. 船舶下沉量的实测研究. 交通运输工程学报, 2002, 2(2): 4-9.

[14] 刘正江, 夏国忠, 王逢辰. 限制水域中船体下沉量的实用估算. 大连海事大学学报, 1995, 21(4): 9-13.

[15] 古文贤. 浅水航行时的富余水深. 世界海运, 1995, 12(5): 9-12.

[16] 张士喜. 确定航行时船龙骨下最小富余深度的看法. 水运工程, 1998(10): 65-66.

[17] 徐言民, 晏林, 许鹏, 等. 渤海海域超大型船舶安全航速限定标准研究. 中国安全科学学报, 2013(1): 6-10.

[18] 郭国平, 陈厚忠. 南通航段超大型船舶航行富余水深计算方法. 船海工程. 2006(4): 12-16

[19] 雷胡根. 超大型船舶安全航速建模研究. 中国水运, 2014(8): 14-16.

[20] 邵闯. 基于 LQR 的大型船舶操纵运动控制研究. 上海: 上海交通大学, 2024.

[21] 王珍旺. 大型双桨双舵船舶操纵性及智能控制的仿真研究. 大连: 大连海事大学, 2014.

[22] 苑冰. 宁波港大型船舶引航操纵风险及对策分析. 大连: 大连海事大学, 2015.

[23] 甘浪雄, 程玉琴, 杨雪, 等. 基于风险三维结构的大型油轮监管集成. 中国航海, 2013(3): 5-10.

第 **2** 章

超大型船舶操纵特性

2.1 超大型船舶操纵性影响因素

从船舶操纵的角度来看，影响超大型船舶操纵性的因素很多，主要体现在以下几个方面。

1. 速度

一般而言，当车叶正转并正常前进时，在超大型船舶的速度范围（弗劳德数为 6）内，速度对操纵性几乎没有影响。只要车叶正转，即使船舶以极低的速度前进，亦是如此。

在停车依靠惯性前进时，流向舵面的水流速度因车叶不再提供加速而变为极小，由此而造成的舵效大大下降，相当于舵面积被减小百分之几十，这将使旋回性，特别是航向稳定性和追随性变得更差。

2. 装载状态

在相同的纵倾情况下，一舱满载和轻载状态的旋回性没有多大差别。但在同一装载状态下，超大型船舶的操纵性却呈现因纵倾不同而产生的差异。试验表明，若施以 1% 的尾纵倾，将会使旋回直径增加约 10%，从而旋回性变差，但航向稳定性和追随性则得到改善。若给以 1% 的首纵倾，可使旋回直径减少约 10%，使旋回性变好，而航向稳定性和追随性则变差[1-2]。

实际上，对超大型船舶来说，满载和轻载时纵倾相同的情况是不存在的，通常在满载状态下没有纵倾，而在轻载状态下则有相当大的尾纵倾。由于排水量本身对旋回性没有多大影响，而纵倾的影响却很大，所以在考虑超大型船舶的实际操纵性时，应可预料具有大尾纵倾的轻载状态比满载状态的旋回性要差，而航向稳定性和追随性则更好。

3. 操舵速度

不论船舶大小，其舵机的操舵速度一律要求从满舵到另一舷满舵的时间小于 30 s。一般认为，对小船来说操舵速度应更快一些，而对于超大型船舶则没有必要那么快[3]。

操舵速度对操纵性的影响体现在保向性和紧急避让方面。就保向性而言，只要能提供与船本身的动作相适应的操舵速度就足够了，因此，超大型船舶的操舵速度即使为现行规定的 1.5~2 倍，也没有什么影响[4]。

超大型船舶的船型尺度非常巨大，其甲板面积可以达到 2~3 个标准足球场的大小，其型深相当于 10 层楼房的高度，且基于载货量方面的考虑，其造型也非常肥胖。由于以上的原因，超大型船舶与一般的商船相比具有以下的特点：长宽比（L_{bp}/B）较小，接近或略大于 6.0~6.7；方形系数 C_B 较大，多数大于 0.8，即使是压载时 C_B 也可达 0.75 以上；宽与吃水之比较大，多大于 2.5；船型肥胖易于旋回，其舵面积比（A_r/L_d）设计较小，一般仅为 1/65~1/750。船舶主机功率随船型的增大而增大，但由于船舶载重量极大，单位载重吨所分摊到的主机功率较小，正因为如此，其全速倒车速度也仅能达到全速进车的约 30%，一般在 6 kn 以下。

由于超大型船舶方形系数（C_B）大、长宽比（L_{bp}/B）小、舵面积比（A_r/L_d）小，操纵性指数 T 值和 K 值都大，船舶呈现出追随性差、航向稳定性差、旋回性较好的特点。小舵角应舵微弱，5° 以内几乎无作用，对舵的响应慢，施舵后，一旦船首开始偏转则又不易稳定在新航向上。超大型船舶淌航丧失舵效的时间一般较早，船速为 3 kn 左右就已无法保持航向。超大型船舶动量非常大，启动、停船惯性大，如满载在海上全速停车至余速为 3 kn 时的停车冲程大于 20 倍船长，冲时在 1 h 以上。船舶受横风影响时，其漂移速度可达 4%～5%的风速。经验表明，船舶正横受风时，满载船在风速为 6 倍航速时，压载船在风速为 4 倍航速时，保向操纵极为困难。船舶从深水域驶入浅水域时，船舶阻力增大，船速降低，船体中部低压区向船尾扩展，船体下沉，并伴随纵倾变化，船尾伴流增强，螺旋桨上下桨叶推力之差较深水明显，出现较深水更为明显的船体振动等现象。

2.2 超大型船舶运动方程

船舶运动数学模型的研究始于 20 世纪 30 年代，Bryan[5-6]创立了用"缓慢运动导数"来表达流体动力的方法，而 Minorsky[7]利用机翼理论研究船舶的水动力模型。1946 年，Davidson 等[8]首次给出船舶的操纵运动方程。自此之后，船舶运动数学模型的研究基本上从两个方面着手：一是通过基本运动方程求解其运动参数的水动力模型；二是运用控制理论，将船舶看作一个动态系统，即操舵作为输入、运动作为输出的响应模型进行研究[9]。

1957 年，日本的野本谦作（Nomoto）正是从上述的第二方面入手建立了一阶响应模型（K-T 模型），而后又接着建立了二阶响应模型。此后，Leeuwen、Bech、Clarke 等对非线性的响应模型进行了研究[10]，Abkowitz[11]提出了整体型模型。

20 世纪 70 年代初，日本拖曳水池委员会成立了船舶操纵运动数学模型研讨小组。该小组将作用于船体的力和力矩分解到裸船体、敞水桨和敞水舵上，并讨论了它们之间相互干涉的力和力矩，提出了分离性船舶运动数学模型，即 MMG 模型[12]。

2.2.1 操纵运动方程

采用计算机数值模拟方法预报船舶操纵性，需要对船舶动力及外界环境影响进行建模，并选定所采用的数学模型。因此，船舶运动数学模型是船舶运动仿真与控制问题的核心。它的研究始于 20 世纪 30 年代，但它的真正兴起是在 20 世纪 60 年代。当时超大型油轮出现操纵异常，为揭示其异常操纵特性并适应开发高性能船舶操纵模拟器的需要，船舶运动数学模型的研究取得飞速的发展。20 世纪 70 年代末 80 年代初，由于研制先进的船舶航向、航迹控制器的需要，船舶运动数学模型又获得加速发展。

船舶运动数学模型总体上讲可分为：①基于船舶运动方程的数学建模；②将船舶作为一个动态系统引入运动响应模型。基于运动方程的数学建模又分为两大派别：一派是以 20 世纪 60 年代 Abkowitz[11]提出的 Abkowitz 模型为代表的整体式结构模型，另一派是以 20 世纪 70 年代日本船舶操纵运动数学模型研究小组提出的以 MMG 模型为代表的分离式结构模型。

1. 基于运动方程的数学建模

1）整体式结构模型

以 Abkowitz 模型为代表的整体式结构模型，把船—桨—舵看作一个不可分的整体，船舶所受到的总流体动力 F 和动力矩 M 数量上与船舶的尺度、流体的物理性质（黏度、密度、重力加速度等）、船舶与周围介质相对运动的速度（角速度）、加速度（角加速度）、驱动控制面的位置或转速等因素有关。对于某一具体的船舶，船舶所受到的外力和力矩因而表示为如下形式：

$$\left.\begin{array}{l} F = F(V, \dot{V}, \Omega, \dot{\Omega}, \delta, n) \\ M = M(V, \dot{V}, \Omega, \dot{\Omega}, \delta, n) \end{array}\right\}$$

式中：V 为船舶的相对运动速度；Ω 为船舶的转向角速度；δ 为舵角；n 为螺旋桨转速。

由于船舶运动的复杂性，用理论方法研究函数 F 和 M 几乎是不可能的，唯一可行的是进行约束船模试验来获得 F 和 M。为此，将 F 和 M 的各分量表达成 $u, v, w, \dot{u}, \dot{v}, \dot{w}, r, \dot{r}, \delta, n$ 的多元函数，并将各多元函数展开成泰勒（Taylor）级数，在这样的展开式中将出现的线性的、二阶的、三阶的流体动力导数数十个。在进行这些试验时，应该在满足相似规律条件下，使船模在拖曳水池中被悬臂机构、平面运动机构等试验设备带动做各种特定的运动，并让螺旋桨和舵叶做相应的旋转和偏移，工作量十分巨大。

整体式结构模型的缺点在于：①在众多的流体动力导数中有一些（高阶导数）物理意义不明显；②很难把一艘船的试验结果应用于另一条船，不能合理地说明船模和实船的相关问题；③试验耗费巨大；④不便于探求船舶设计每一局部（如舵叶面积）的修改对总的操纵性产生的影响。

2）分离式结构模型

分离式结构模型主要以船舶运动数学模型（即 MMG 模型）为代表。MMG 模型认为船舶运动模型应满足下列要求：①有明确的物理意义；②便于做试验求得数学模型中的各项系数；③便于处理模型与实船的相关问题；④便于设计上的局部修改；⑤既能用于常规操纵模拟，又可适应更大范围的运动及浅水域中的操纵。

MMG 模型主要将作用于船舶上的流体动力和力矩按照物理意义，分解为作用于裸船体、敞水螺旋桨和敞水舵上的流体动力和力矩，以及它们之间的相互干涉流体动力和力矩，便于深层次地理论分析和广泛地进行试验研究，从而克服了整体式结构模型的明显缺陷。更为重要的是，由于 MMG 模型中水动力的表达形式简洁，且每一项的物理意义都很明确，所以，近十几年来 MMG 模型得到更广泛地采用和不断地完善。

从当前研究现状来看，整体式结构模型和分离式结构模型正在相互渗透。例如：Abkowitz 模型的研究工作中已出现将桨和舵的效应单独细查的倾向，而在 MMG 学派中也看到将船、桨和舵三者或其中两者组合起来进行试验的例证。这样取两者之优势进行互补，可更进一步对船舶操纵性能进行精确预报。

2. 响应模型

响应模型是船舶运动数学模型的另一种表达式。利用响应模型，能把握船舶在操舵时的操纵运动及其对操舵响应的快慢，即使是采用一阶近似的简单响应模型，也能求得相当准确的操舵响应。因此，该模型对求取船舶操纵性能、评价航向稳定性是行之有效的。随着试验设备的不断改善、试验精度不断提高和响应模型的不断完善，该模型已成为在船舶设计阶段预报操纵性的重要方法。然而，由于响应模型要求对每一个具体船舶进行自航船模试验，这将需要花费大量的人力物力，此外，自航模型和实船之间也存在如尺度效应等问题并未能完全解决，所以，响应模型在实际应用中受到一定限制。

2.2.2 操纵特性

1. 超大型船舶的操纵性与 K、T 指数

野本谦作（Nomoto）1957 年提出的一阶近似操纵运动方程为

$$T\frac{\mathrm{d}\omega}{\mathrm{d}t}+\omega=K\delta \tag{2.1}$$

或记为 $T\dot{\omega}+\omega=K\delta$，也称 K-T 方程或野本谦作（Nomoto）方程[13]。式中：T 为船舶追随性指数；K 为船舶旋回性指数；$\dot{\omega}$ 为旋回角加速度；ω 为旋回角速度；δ 为旋回角。

通常将式（2.1）称为响应模型。对于单纯因改变舵角而引起的各种操纵运动，可看作是对"输入"舵角的响应而产生的"输出"操纵运动，可以用该模型来分析，即

$$T=\frac{I}{b}=\frac{船舶惯量}{每单位回转角速度的阻尼力矩} \tag{2.2}$$

船舶直航过程中，设在阶跃操舵条件下（即自正舵至舵角 δ_0 的操舵时间 $t_1=0$），给定初始条件 $t=0$ 时，旋回角速度 $\omega=0$，则根据式（2.3）可求出操舵后船舶旋回角速度 ω 随时间 t 变化的关系式：

$$\omega=K\delta_0\left(1-\mathrm{e}^{-\frac{t}{T}}\right) \tag{2.3}$$

角速度随时间的变化（ω-t）曲线如图 2.1 所示。ω 在操舵 δ_0 后的变化是开始上升快而后上升慢，最终稳定于 $\omega=K\delta_0$。

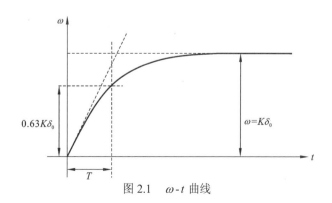

图 2.1 ω-t 曲线

根据角速度 ω 求角加速度 $\dot{\omega}$，对式（2.3）进一步求微分，可得角加速度 $\dot{\omega}$：

$$\dot{\omega} = \frac{K}{T}\delta_0 \mathrm{e}^{-\frac{t}{T}} \tag{2.4}$$

角加速度随时间的变化（$\dot{\omega}$-t）曲线如图 2.2 所示。$\dot{\omega}$ 在操舵 δ_0 后的变化是开始下降快而后下降慢，最终 $\dot{\omega} = 0$。

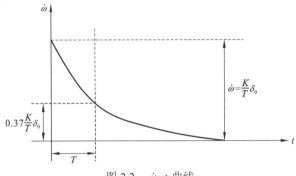

图 2.2　$\dot{\omega}$-t 曲线

根据角速度 ω 求船首旋回角 φ，对式（2.3）进行求积分，可得船首转向角 φ：

$$\varphi = K\delta_0\left(t - T + Te^{-\frac{t}{T}}\right) \tag{2.5}$$

船首转向角随时间的变化（φ-t）曲线如图 2.3 所示。φ 在操舵 δ_0 后的变化是开始非线性增加，至匀速圆周运动后均匀增加。

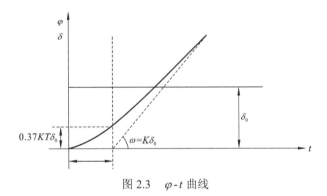

图 2.3　φ-t 曲线

综合分析 ω-t 曲线、$\dot{\omega}$-t 曲线、φ-t 曲线可知，操舵后任意时刻船舶旋回角加速度 $\dot{\omega}$、角速度 ω 及旋回角 φ 均与 K、T 指数有关。刚操舵时，$t = 0$，尽管旋回角 $\varphi = 0$，旋回角速度 $\omega = 0$，但旋回角加速度 $\dot{\omega}$ 却为最大；$\dot{\omega} = \frac{K}{T}\delta_0$。当操舵后 $t = T$ 时，则旋回角加速度降为 $\dot{\omega} = 0.37\frac{K}{T}\delta_0$，旋回角速度增至 $\omega = 0.63K\delta_0$，此时旋回角 $\varphi = 0.37KT\delta_0$。当船舶进入定常旋回（$t \rightarrow \infty$）时，旋回角加速度 $\dot{\omega} = 0$，但旋回角速度最大，稳定于 $\omega = K\delta_0$ 旋回，而旋回角 $\varphi \rightarrow \infty$。由于 K、T 指数可衡量船舶操纵性的优劣，所以称为操纵性指数。

1）K 指数与船舶旋回性

其他条件相同时，由 $\dot{\omega} = \dfrac{K}{T}\delta_0$ 和 $\omega = K\delta_0$ 可知，K 值越大，则旋回角速度、角加速度、转首角也越大，故旋回性就越好。由船舶定常旋回时角速度 $\omega = K\delta_0$ 得 $K = \omega / \delta_0$，K 值决定了单位舵角在定常旋回中产生的转首角速度大小。即 K 实质上是定常旋回中的船舶每单位舵角所能给出的转首角速度值。所以，K 指数反映了船舶的旋回性，称为旋回性指数。

此外，船舶定常旋回时的切线速度 V_s 与定常旋回角速度 ω 的关系为 $R = V_s / K\delta_0$。因此 K 值越大，则定常旋回角速度也越大，旋回半径越小，船舶定常旋回性能越好；反之 K 值越小，船舶定常旋回性越差。

2）T 指数与船舶追随性

由 $\dot{\omega} = \dfrac{K}{T}\delta_0$ 可知，其他条件相同时，T 值越小，则操舵后的转向角加速度的初始值越大，在较短时间内转过较大的转首角度，且达到定常角速度所需时间越短。同样，要达到相同的角加速度、角速度、转首角，T 值小的船舶所需的时间短。因此 T 指数代表船舶追随性，即用舵后船舶应舵的快慢。

从数值上看，T 指数代表了操舵后船舶旋回角速度达到 $0.63K\delta_0$ 所需的时间。T 值小，则船舶旋回时达到 0.63 倍定常旋回角速度所需的时间短，即能够较快地达到某一固定旋回角速度，同样船舶能较快进入定常旋回阶段，船舶追随性好。

3）T 指数与航向稳定性

航向稳定性的优劣可用船首偏离原航向的角度来衡量。若 $T > 0$，T 值小时船舶惯性转头角则小，船舶能较快稳定在新航向上，航向稳定性则好；反之，T 值大则航向稳定性差。若 $T < 0$，则船舶不具备航向稳定性。因此 T 指数还可衡量船舶的航向稳定性。

4）超大型船舶的 K、T 值示例

超大型船舶的 K、T 值示例见表 2.1。从操纵性能来说，满载的超大型船舶的特点是 T 值大 K 值大，虽然旋回性好，定常旋回圈相对较小，但其追随性差、操舵后应舵慢，从开始操舵到进入稳定旋回要用很长时间，旋回初径和横距大，加之船体肥大，实际旋回圈较大，在船舶实际操作中应予以充分的注意。

表 2.1 超大型船舶 K、T 值示例

$L \times B \times d$ /m	排水量/t	平均吃水/m	速度/kn	K /s^{-1}	T/s	舵面积比
313×48.2×25.5	250 300	19.3	16.0	0.100	395	1/66.7
310×54.0×26.4	262 200	19.0	16.0	0.069	187	1/60.0
265×44.2×23.3	161 900	16.5	16.5	0.079	231	1/65.0
251×40.8×22.5	126 100	14.6	15.0	0.100	245	1/66.7
242×37.2×19.9	110 204	14.6	16.0	0.095	177	1/71.6

2. 超大型船舶旋回中的降速

超大型船舶由于旋回性能好，旋回时的漂角较大，致使船舶斜航旋回时阻力大幅度增加。漂角、舵阻力及旋回是推进器的推进效率下降等因素造成的，其在旋回过程中速度大幅度下降。满舵定常旋回时降速可达原航速的 1/3。通常旋回 90° 时，速度下降到初始速度的 1/2，旋回 180° 时，速度下降到初始速度的 1/3。

26.7 万 t 级长江之星实船测试数据如下。在速度 15.5 kn 的情况下右满舵旋回，当船首转到 90° 时，速度降到 9.5 kn；旋回到 180° 时，速度降到 6.3 kn；旋回到 270° 时，速度降到 5 kn；其后船舶约以 5 kn 的速度做定常旋回。

30 万 t 级油轮实船测试数据如下。在速度 15 kn 的情况下旋回，左满舵，纵距 960 m，约 3 倍船长；90° 横距 600 m，约 1.85 倍船长，航速降到 2/3；180° 横距 1270 m，约 4 倍船长，航速降到 1/3；终径 890 m。右满舵，纵距 960 m，约 3 倍船长，90° 横距 570 m，约 1.80 倍船长，航速降到 2/3；180° 横距 1240 m，约 3.9 倍船长，航速降到 1/3；终径 890 m。

1）受外力影响

超大型船舶由于长而宽、型深大、吃水深及方形系数大等特点，受外力影响较一般船舶大。超大型船舶空载时受风影响大，满载时受流影响大；浅水域受浅水效应和狭水域产生的岸壁效应十分明显。当水深小于 3 倍吃水时，航速即受影响，小于 2 倍吃水时，主机转速和航速下降明显。港内操船多为浅水域操船，浅水中横向阻力的增加、转头阻尼力矩的加大对操船有重大影响。

2）停车和倒车冲程

超大型船舶由于惯性巨大，其停车冲程和停车冲时都较一般船舶大得多。一般超大型船舶由海上全速停车至余速到达 3 kn 时，停车冲程大于 20 倍船长，冲时约 1 h。超大型船舶在刚停车时，船舶尺度大，阻力也大，船速迅速下降；但当船速减小时，船体所受阻力也随之减小，船舶很难完全停下来，通常以船速降至能保持舵效的最小速度来测试船舶的停车冲程和停车冲时。

倒车冲程，又称紧急停船距离或最短停船距离，是船舶操纵的重要性能。国际海事组织（International Maritime Organization，IMO）规定，全速倒车停船试验中冲程不超过 15 倍船长，但对超大型船舶可适当放宽。一般超大型船舶的倒车冲程为 13～16 倍船长。

3）制动

在船舶靠、离码头，抛锚，进港减速，避碰过程中都要进行制动。船舶制动性能直接关系到船舶的安全。超大型船舶由于其自身的特点，制动问题更为特出。如何选用不同的制动方式，起到最佳的制动效果，对超大型船舶来说，具有非常重要的现实意义。本小节对各种制动效果进行分析比较，以利船长和驾驶员在实践中进行选择。

（1）倒车制动法。

倒车制动法拉力大，操纵方便，因此不论港内港外，也不论船速高低，都是船舶制动最常用的方法。主机的性能、功率的大小，船舶倒车冲程的大小都是决定何时停车的依据。快速前进中的船舶，即使立即使用倒车，也不能使船向后退。不同的主机类型需要的时间也不相同。因此，正确选择倒车时机至关重要。在避让过程中，建议超大型船舶在 2.5 n mile 以前进行倒车制动。

为了安全操纵船舶，驾驶人员应十分了解主机的换向性能、倒车冲程、偏离横距和偏航角速度。特别在港内操作应予以充分的考虑，否则控制得不好容易造成事故。11 万 t 级"天鹅"轮全速倒车试验结果如下：全速倒车冲程 3204 m，约合 13 倍船长，横距 1410 m，时间 16.5 min，船首偏转 52°。26.6 万 t 级长江之星全速倒车试验结果如下：全速 15.5 kn 倒车冲程 4260 m，约合 12.9 倍船长，横距约 1300 m，时间 18.5 min，船首偏转 146°。

超大型船舶单位载重吨所分配的功率较低，为了避免倒车时产生过大的偏离横距和偏航角而不利于船舶保持适当的船位，在港内航行时应适当控制速度，避免长时间倒车制动。在水域受限的港口，超大型船舶较少采用倒车制动法，而更多地借助于拖轮进行制动。

（2）满舵旋回制动法。

使用满舵进行旋回，当航向转过 180° 后船舶进入定常旋回时，航速可降至初始速度的 1/3。满舵旋回制动法操作方便、降速较快，但所需水域较大，常用于大型船舶进港前或锚泊前自力减速，以及海上紧急减速避让。

航行中的船舶需要紧急避让时，选择车让还是舵让，除考虑当时有无他船影响和足够的操船水域外，主要根据当时的速度来决定避让行动。如当时船速条件下满舵旋回的最大进距小于倒车制动纵距，应考虑采用舵让；反之，如满舵旋回的最大进距大于倒车制动纵距，则应车让。船舶旋回圈大小随船速提高影响并不明显，但倒车制动纵距则急剧增加，当操舵水域允许时，一般采取低速时车让、高速时采取舵让的方法。满舵旋回制动实船试验数据见表 2.2。

表 2.2　满舵旋回制动实船试验数据

船型	船速 /kn	舵角 /(°)	右旋回/m		左旋回/m	
			进距	旋回初径	进距	旋回初径
MR 型（4.6 万 t 级）	14.5	65	530	500	530	500
巴拿马型（7.4 万 t 级）	15	35	550.68	710.12	513.66	599.34
阿芙拉型油轮（11 万 t 级）	14.7	35	528.8	652	563	752.5
苏伊士型油轮（18 万 t 级）	15.8	35	881	946	839	943
超大型油轮（26.6 万 t 级）	15.5	35	1074	1074	1074	1074
超大型油轮（29.7 万 t 级）	15	35	960	1240	960	1270

（3）Z 形制动法。

Z 形制动法是船舶通过自身操舵和逐级换车，利用强大的船舶斜航助力和倒车拉力将船制动的方法。船舶通过左右来回地操舵，结合倒车，利用旋回中速度下降的特点，将船尽快停住，也可以采用不同大小的舵角进行制动。

船舶按预定航速直线航行达到稳定之后，按通常操舵速度，转舵到右舷 20°，作为第一次操舵；当船首偏离原航向 20°，立即转舵到左舵 20°，作为第二次操舵；操上述反舵之后，船仍朝原方向继续回转，但回转角速度逐渐减小，直到转头运动消失，然后船向左舷回转，当艏向偏离原航向达左 20°时，再操右舵角 20°，作为第三次操舵。上述过程一直持续到船舶停止对水移动为止。

Z 形制动法的优点是最初操舵弥补了倒车开出后船舶偏转的不足，而且在倒车开出前的一段时间内可以充分利用斜航助力使船舶相应减速。同时主机由进车换为倒车可以逐级平稳地进行，避免主机超负荷的情况出现。Z 形制动法的缺点是不宜在狭水域和航道内使用，且需要操作人员有一定操作经验。

（4）拖轮制动法。

拖轮制动法是通过拖轮协助或仅靠拖轮提供的拉力使船舶制动的方法。随着船舶日趋大型化、专业化和高速化，以及港内船舶数量的不断增加和操纵水域相对变浅、变窄，在港内操纵大型船舶较海上有着诸多困难。从安全和效率两方面考虑，拖轮已经成为港内操纵大型船舶不可缺少的重要手段，有些情况下甚至是主要手段或唯一手段。除此之外，当船舶在狭水道航行，以及系、离浮筒时，仅仅依靠船舶本身的动力性能对其进行操纵是相当困难的，一条或多条拖轮协助制动就显得非常重要。

（5）拖锚制动法。

拖锚制动法指船舶在一定余速及大致保向的前提下，借助抛锚阻力刹减余速制动，直至停船，其拖锚淌航距离与当时情况下的船舶排水量、余速、抛锚抓力、船体阻力及流速有关。超大型船舶由于锚机的制动刹车力不足，不宜采用此法。

上述 5 种制动方法在不同的环境下，船舶的制动效果是不同的。航行中的船舶需要采取避让时，除考虑当时周围环境的影响和足够的操船水域外，主要根据当时的速度来决定采取何种措施。

从满舵旋回和全速倒车的情况来看，还存在一种界限船速。当船舶以低速航行时，用全速倒车能够在最短的距离之内把船停下来。当船舶的航速高于一定值时，旋回时纵距增加不大，而倒车制动距离却急剧增大，即只有在一种速度时旋回与制动的纵距相同，这时的速度称为界限船速。界限船速的大小与船舶的载况、周围环境、海况等有密切的关系，而且船舶越大界限船速越低。掌握这些因素之间的规律，才能更好地进行倒车制动操作。大型船舶在进港航道内，特别是在接近泊位前余速前进时，如船舶的惯性较大，顺风顺流，一艘拖轮制动力不够，可增加拖轮数，为防止在制动过程中大船发生偏转，应选择功率相等或相近的拖轮，并同时以同等速度开始制动。采用 Z 形制动时要注意避让问题，特别是在夜间，对方船舶可能无法明确你的避让目的。

2.3　超大型船舶静态特征与动态特征

2.3.1　静态特征

超大型船舶的静态特征是线型尺度大，动量大，舵面积与船长吃水比小，方形系数大，单位载重吨分配的主机功率低。

1. 线型尺度大

超大型船舶重载时的浅水效应和岸壁效应均较为突出，而且停车后会在很短的时间内丧失舵效。以超大型油轮为例，在海上万 t 级油轮余速 2 kn 左右时一般尚有舵效，而 4 万 t 级的油轮在余速 3.2 kn 时就已无舵效。在渤海海域部分浅水区域，受浅水效应、岸壁效应及海底形状的影响，有些满载的超大型船舶甚至一旦停车就丧失舵效。

2. 动量大

由于超大型船舶的质量很大，在船舶速度很低时仍具有很大的动量，靠泊时必须控制好速度。

3. 舵面积与船长吃水比小

超大型船舶舵面积占船体水下侧面积的比例较其他船舶的该比例要小。超大型船舶的舵面积与船长吃水比一般在 1/60 以下，舵的转船力矩较小，旋回性能和舵效比一般船舶要差一些。

4. 方形系数大

超大型船舶的方形系数（C_B）较一般货船有明显的增大趋势。超大型船舶的 C_B 一般在 0.8 以上，船舶首摇的阻尼减小，因此旋回性能比 C_B 小的船舶好，但航向稳定性相对较差。

5. 单位载重吨分配的主机功率低

从主机装置来看，与一般货船相比，超大型船舶单位载重吨分配的主机功率要小得多，因此，其紧急停船性能较一般货船差得多。超大型船舶的紧急停船距离，不论是绝对值还是相对值都比一般货船大得多，启动距离也较一般船舶大得多。

超大型船舶倒车功率严重不足，需要拖船协助制动，因此超大型船舶靠泊时通常船尾至少系带一艘拖船用于制动。

2.3.2 动态特征

超大型船舶的动态特征是旋回性好，航向稳定性和应舵性差，旋回中速度降幅较大，惯性大，线形尺度大，浅水效应和岸壁效应显著，水线上下面积大，受风、流影响较大，极限舵角较大。

1. 旋回性好

超大型船舶的旋回角速度大，旋回半径小（即 K 值较大）。肥大的超大型船舶与瘦长的集装箱船相比较，在旋回性方面十分优越，用舵进行旋回时，其旋回直径 D 与船长 L 之比值较小。

2. 航向稳定性和应舵性差

由于超大型船舶船型肥大，方形系数 C_B 多大于 0.8，尽管舵面积比多低于 1/65 却具有良好的旋回性，但航向稳定性差，追随性差（即具有较大的 T 值）。特别是在浅水域中，为保向须频繁用舵而且舵角较大，还应早用舵，早回舵。

航向稳定性和应舵性与旋回性有相反的性质，通常旋回性好的船，航向稳定性和应舵性差（T 值大），超大型船舶就具有这种特征。航向稳定性是指在直航中当受到任何外力作用而开始从原航向向外偏转，并最终成为旋回运动状态需要的时间。应舵性是指从开始施舵到进入稳定旋回状态需要的时间。尤其在航行条件比较复杂的狭窄航道中航行或港内操纵时，其操纵更加困难。一般认为巨大的球鼻艏是造成航向稳定性差的一个重要原因，若要改善航向稳定性，最实际的办法还是增大舵面积。总体而言，超大型船舶满载状态时的航向稳定性和应舵性要比空载状态时更差。

3. 旋回中速度降幅较大

当超大型船舶以某一速度直航时，若施舵开始旋回，舵力的纵向分力会使船速逐渐下降。在稳定旋回过程中，船舶保持有一偏角斜航和旋回中离心力的作用，从而使阻力增大。旋回运动越激烈速度下降幅度越大。超大型船舶在较大速度旋回时，速度下降尤为突出。

4. 惯性大

超大型船舶由于排水量大，其载重量也大，但单位排水量所分摊的主机功率远较一般商船低，故其惯性大，变速机动操纵异常呆笨，停船性能也较差。超大型船舶倒车易引起船首急速偏转，全速航行中用舵转向时，航速下降速度快。

5. 线形尺度大，浅水效应和岸壁效应显著

超大型船舶的线形尺度比一般船舶要大得多，给观察瞭望、目测判断等带来许多操纵上的不便和困难。超大型船舶吃水较大，通过浅水区域时，浅水效应更为显著。当舵角一定时旋回性变差，旋回圈半径变大，旋回中的速度变小。但浅水中的航向稳定性和应舵性相对深水中有所提高，岸壁效应显著。

6. 水线上下面积大，受风、流影响较大

超大型船舶在靠泊、离泊作业中，大船本身的行动几乎静止，风、流等外力则处于支配地位，因此应充分考虑风、流压力对船舶的影响，并留有充分的余量。特别是空载大风或满载流急时，更应注意风、流的影响，以保证超大型船舶的离泊、靠泊安全。

7. 极限舵角较大

船舶操某一舵角 δ 进行旋回时，一开始船舶依然直航，故舵处的有效冲角为 δ_e，即 δ，但紧接着船舶进入旋回，船尾舵叶处存在一个漂角 β_R，使舵叶处的有效冲角减小为

$\delta - \beta_{\mathrm{R}}$。一般情况下，所操舵角为 35° 时，有效舵角会减小 10° ～ 13°。因此，为了确保满舵时应有的旋回力矩，获得足够的舵效，超大型船舶常以 40° 作为极限舵角。

参 考 文 献

[1] Park B S, Kang D , Kang I K, et al. The analysis of the ship's maneuverability according to the ship's trim and draft. Journal of Fisheries and Marine Sciences Education, 2015, 27: 1865-1871.

[2] Himaya A N, Sano M, Suzuki T, et al. Effect of the loading conditions on the maneuverability of a container ship. Ocean Engineering. 2022, 247: 109964.

[3] 洪碧光, 贾传荧. 大型船舶操纵性能综合评价. 交通运输工程学报, 2002, 2(2): 55-58.

[4] 胡甚平, 方泉根, 乔归民, 等. 大型船舶航行的风险分析与风险控制. 中国航海, 2006, 29(3): 34-38.

[5] Bryan J B. A simple method for testing measuring machines and machine tools. Part 1: Principles and applications. Precision Engineering, 1982, 4(2): 61-69.

[6] Bryan J B. A simple method for testing measuring machines and machine tools. Part 2: Construction details. Precision Engineering, 1982, 4(3): 125-138.

[7] Minorsky V U. An analysis of ship collisions with reference to protection of nuclear power plants. Journal of Ship Research, 1958, 3(2): 12-20.

[8] Davidson M, Schiff L I. Turning and course keeping qualities. Transactions of SNAME, 1946.

[9] 朱冬健, 马宁, 顾解忡, 等. 波浪中船舶操纵性数值预报及自航模验证. 中国舰船研究, 2015, 10(1): 76-82, 96.

[10] Van Leeuwen. Form and function of the swimming muscles in fish. Journal of Biomechanics, 2006, 39(S1): 354-358.

[11] Abkowitz M A. Lectures on ship hydrodyamics: Steering and maneuvrability. Hydroog Aerodynamisk Laboratorum, Hydrodynamics Department, 1964.

[12] Ogawa Y. MMG report-1, A mathematical model of the ship maneuverability. Journal of Japan Shipbuilding Ociety, 1977(575): 175-184.

[13] Nomoto K, Taguchi K. On steering qualities of ships. Journal of Zosen Kiokai, 1957(101): 57-66.

第 **3** 章

超大型船舶通航安全富余水深

3.1 富余水深概述

富余水深是船舶在通过浅滩或在浅水水域航行时，船底以下必须保留的水深余量，是防止船舶拖底、触底、搁浅和失控的基本要素。当船舶航行在浅水水域时，其周围流场的变化，使船体下沉、纵倾变化和操纵性能变差，为了避免船舶拖底、触底、搁浅和失控等险情的发生，必须充分地考虑船底与水底间的安全距离，即富余水深。

从富余水深概念构成来看，影响富余水深的因素实际上就是影响水深与吃水的因素。影响水深的因素包括气压变化、流沙沉积等；影响吃水的因素也很多，包括从始发港至目的港航程中的油耗、水耗等因素造成的吃水变化、吃水差变化、航行（尤其是在浅水域以一定航速航行）中可能出现的艏艉下沉量、不同水域因水密度不同可能造成的吃水改变量、船舶在旋回操纵中引起的横倾下沉量、船舶在波浪中的摇荡（包括横摇、纵摇和垂荡可能造成的实际吃水变化）等。富余水深示意图如图 3.1 所示。

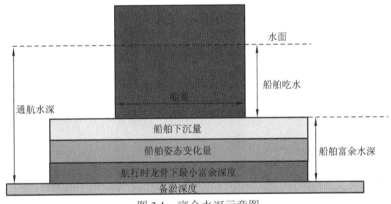

图 3.1　富余水深示意图

3.2 富余水深影响因素

1. 海图水深误差的影响

航海者通常使用的水深为外视水深，它是海图水深与当时、当地由潮汐表得出的计算潮高 H_t 之和。潮高受水文气象条件影响，实际的水文气象条件与潮汐表的标准条件不同，因此由潮汐表得出的计算潮高有一定的误差。此外，受测深技术的限制，海图记载的水深中含有一定的测量误差。

2. 船舶操纵的影响

船底与水底距离的减少会使船舶的操纵性下降。对航行船舶的操纵性有影响的水深

吃水比为 $h/d \leqslant 2.5$ ，对航行船舶的操纵性有明显影响的水深吃水比为 $h/d \leqslant 1.5$ 。船底与水底不能太贴近，必须有一定的安全距离，才能使船舶安全、有效地进行保向、改向或移动。

3. 船舶航速的影响

船舶在水面航行时，流场变化会使船体产生下沉和纵倾变化。一般来说，在船舶的航速范围内，船首的下沉比船尾大，因而产生艉纵倾，在防触底方面主要应考虑艏下沉量。

4. 船舶载货的影响

由于船体重力和浮力的纵向分布不同，船舶往往会有一定的中拱或中垂变形，特别是在载货后，船舶的中拱或中垂变形会变大，极限拱垂量为 $L_{bp}/800$ ，但在满足强度要求的情况下，极限拱垂量一般不会超过 $L_{bp}/1200$ 。

5. 旋回的影响

船舶在转向或旋回操纵时，会开始出现少量内倾，随后船舶由内倾变为外倾。在此期间，由于横向摇摆惯性，船舶会出现最大的外倾角 θ_{max} ，这是旋回的第二阶段尤其应注意的危险现象。在实际操纵中，应避免高速大舵角转向，当进入定常旋回阶段后，将舵角稳定在定常外倾角 θ 。

船体外倾角的存在会增加船舶的吃水，从而影响船舶安全富余水深。

6. 波浪的影响

沿岸浅水域有时候会有风浪、涌浪，这将使船舶产生一定程度的摇荡。大倾角的摇荡不但会造成大量的甲板上浪、自由液面的移动与冲击，严重时还会使船舶重心产生移动，此外在浅水域可能发生船舶擦底现象，直接危及船舶的安全。

船体摇荡的强度取决于海浪能量的大小，也取决于风浪谱密度函数（与风速有关）和频率响应函数（与船舶形状有关）。若从最坏处打算，摇荡所引起的船体最大下沉量应取各种摇荡运动的最大值之和。航行于波浪中的船舶，一般情况下，顶浪时的纵摇和垂荡最严重，横浪中的零速横摇最严重。

当船舶的固有横摇周期 T_R 和波浪的遭遇周期 T_E 之比 $T_R/T_E \approx 1$ 时，船舶的横摇出现最大摆幅，严重时有导致船舶倾覆的危险。一般取 T_R/T_E 为 0.7～1.3 范围为横摇谐振区。当船舶在波浪中发生横摇谐振运动时，摇摆加剧，将危及船舶的安全。

波浪的遭遇周期可表示为

$$T_E = \frac{\lambda}{V_E} = \frac{\lambda}{V_W + V_S \cos\varphi} \tag{3.1}$$

式中：φ 为遭遇浪向角，即船舶前进方向与波浪传播方向形成的夹角；V_W 为波浪传播速度；V_S 为船舶航行速度；T_E 为波浪的遭遇周期。

船舶的固有横摇周期可表示为

$$T_R = C \frac{B}{\sqrt{GM}} \qquad (3.2)$$

式中：T_R 为船舶的固有横摇周期，即从一舷横倾至另一舷再回到初始横倾位置所需要的时间；B 为船舶宽度；GM 为船舶初稳性高度；C 为横摇周期系数，计算时一般取 $C = 0.8$。

7. 海水密度的影响

超大型船舶由海域进入港内水域时，前后舷外水密度的变化会引起吃水的变化，如果港内水密度比标准海水密度小，船舶吃水会增加。

8. 锚的影响

超大型船舶在港内航行或靠泊时，常常要用锚制止船舶冲力或者是用锚协助掉头。锚的抓底情况因海底底质不同而不同。抛锚时若底质为泥时，锚爪能完全入土。但是当底质为沙或岩石时，锚爪不能完全入土，容易拖锚，使锚平躺在水底拖锚前进。因此，船底与海底应留有锚头宽度大小的安全距离。锚头宽度与锚的种类和大小有关，超大型船舶锚头宽度约为 1 m。

3.3　富余水深计算

3.3.1　富余水深计算模型

1. 基于经验值的安全富余水深求取方法

基于经验值的安全富余水深求取方法是指利用常年航行在某一水域的不同类型船舶在不同天气条件下积累的航行经验及良好船艺的要求下，确定船舶安全富余水深的方法。该方法可细分为比值法、固定值法、比值-固定值混合法及分类取值法。

1）比值法

比值法是指在一定水域之内，按船舶吃水的百分比确定富余水深。如欧洲引水协会对进出鹿特丹港、安特卫普港的船舶建议采用如表 3.1 所示的富余水深，其中 d 为吃水。

表 3.1　不同水域要求的富余水深

项目	外海水道	港外水道	港内
富余水深	0.2d	0.15d	0.1d

通过对上述标准实施过程中的经验总结，加之超大型船舶进出港口的数量不断增加，欧洲引航协会又对以上标准进行了修订，如表 3.2 所示。

表 3.2　放宽后的不同水域要求的富余水深

项目	外海水道	港外水道	港内
富余水深	0.15d	0.10d	0.05d

日本的濑户内海主要港口对富余水深做了如下规定：吃水在 9 m 以内的船舶，取吃水的 5%；吃水在 9～12 m 的船舶，取吃水的 8%；吃水在 12 m 以上的船舶，取吃水的 10%。

美国洛杉矶港和长滩港口主管机关规定：安全水域标（seabouy）至防波堤之间的可航水域的富余水深最小取船舶最大吃水的 10%。

巴西的巴拉那古亚（Paranagua）港的加尔赫塔（Galheta）水道，主管机关规定：大潮升时船舶的富余水深大于或等于海图水深的 8%；小潮升时的富余水深大于或等于海图水深的 15%。受港口水深的限制，该港特别规定，在港内移泊的船舶不允许使用主机，只能由拖轮协助。

我国天津港规定：25 万 t 级船舶在天津港主航道富余水深不得低于船舶吃水的 13%，当船舶速度低于 8 kn 时可放宽到 10%。

2）固定值法

固定值法是指在一定水域、一定条件下，某吨位以上的船舶根据其最大吃水确定其富余水深的方法。海峡、天然航道多采用这种规定方式。

秦皇岛港、釜山港主航道船舶航行富余水深为 0.6 m；黄骅港、上海北槽水道富余水深为 1.0 m；巴拿马运河富余水深为 1.5 m。马六甲海峡和新加坡海峡规定，超大型船舶（载重吨≥15 万 t）和深吃水（d≥15 m）船舶过境时，至少应确保 3.5 m 的富余水深，出海口处霍斯堡灯塔航段富余水深为 4.0 m。英国运输部建议深吃水船在航速 12 kn 时东北向航经多佛尔海峡时，根据各航向段的水文、气象的变化采用不同的富余水深，如当船舶遇有西南大风航向 18°时富余水深为 9.5 m，航向 72°时富余水深为 6.2 m，航向 35°时富余水深为 5.1 m；西南航向航经多佛尔海峡时富余水深规定在 7.6～5.1 m。美国洛杉矶港和长滩港口主管机关规定，防波堤口至各泊位的富余水深不能小于 0.46 m，防波堤内的锚泊水域富余水深最小为 0.46 m；长滩港防波堤内航道特别规定，12 万载重吨以下的船舶，富余水深为 0.46 m，12 万载重吨以上的船舶，富余水深为 0.91 m；船舶经防波堤外在长滩港和洛杉矶港之间移泊，富余水深要保持在 0.91 m 以上。

我国引航界在不同的通航条件下对船舶富余水深选取的经验如下。考虑船体固定下沉量后，保持 0.5～1.0 m 的船底实际富余水深，通常来说能够保证安全操纵；在开阔、通航密度低、风浪不大的水域，船底与水底的安全距离取 0.5 m；在开阔、通航密度中等、风浪中等水域，船底与水底的安全距离取 0.7 m；在通航条件复杂、通航密度高、大风浪水域，船底与水底的安全距离取 1.0 m。

3）比值-固定值混合法

比值-固定值混合法是指在某些水域内，某些特殊船舶在按吃水百分比的计量基础上再追加某一固定尺度，以确定富余水深的方法。如日本的部分港口对超大型船舶有 0.5 m+0.1d 的富余水深规定，澳大利亚海波因特港规定富余水深为 1 m+0.05d。

4）分类取值法

分类取值法是类似《海港总体设计规范》（JTS 165—2013）中的求取安全富余水深的方法，该方法将涉及富余水深的影响因素用经验值图表表示出来，便于查取。

《海港总体设计规范》（JTS 165—2013）对航道通航水深（D_0）和航道设计水深的计算方法可表示为

$$D_0 = T + Z_0 + Z_1 + Z_2 + Z_3 \tag{3.3}$$

$$D = D_0 + Z_4 \tag{3.4}$$

式中：D 为航道设计水深；D_0 为航道通航水深；T 为设计船型满载吃水（按设计代表船型求取）；Z_0 为船舶航行时船体下沉增加的富余水深（按船舶吨级和船速查图求取）；Z_1 为龙骨下的最小富余水深（按船舶吨级和底质查表求取）；Z_2 为波浪富余水深（按船浪夹角、1/25 平均大波高及船舶吨级查表求取）；Z_3 为船舶纵倾富余深度（按船舶类型求取，杂货船和集装箱船可不计，油船和散货船取 0.15 m）；Z_4 为备淤富余深度（应根据两次挖泥间隔期的淤积量确定，不宜小于 0.4 m）。

此外，在开敞水域航行的船舶在求取海图测量误差时，当海图水深≤20 m 时富余水深取 0.3 m，20 m＜海图水深≤100 m 时富余水深取 1.0 m。当海底表层为硬岩时，触底的危险性就更大，所取富余水深应比软泥底时大，需增加海底底质附加值 δ_b。海底底质类型对应的附加值如表 3.3 所示。

表 3.3　海底底质类型对应的附加值　　　　　　　　（单位：m）

项目	泥	沙	岩石
附加值 δ_b	0	0.3	0.6

2. 基于解析式、半经验数学公式的安全富余水深求取方法

基于解析式、半经验数学公式的安全富余水深计算方法是指将船舶参数、通航环境参数代入影响安全富余水深的相应解析式、半经验数学公式，从而求取安全富余水深的方法。对于潮高误差，主要考虑大气压变化所引起的水位误差。气压变化所引起的水位误差可按下式求取：

$$\delta_m = 0.01(P - 1013) \tag{3.5}$$

式中：P 为实际大气压。

3. 基于船舶下沉量测试的安全富余水深求取方法

大连海事大学进行了船舶安全通航水深的实测研究，提出了一种测量船舶下沉量的实测方法，并对测量原理、传感器的选择、系统的集成及数据处理方法作出了详细的阐述，该方法可以精确测量船舶实际下沉量，找出船舶下沉量和船速之间的关系，并且已在多次实船测试中应用。在诸多测试中，对 30 万 t 级超大型船舶"ELSE MAERSK"的下沉量进行的测试具有代表性。

1）30 万 t 级超大型船舶"ELSE MAERSK"参数

30 万 t 级超大型船舶"ELSE MAERSK"的参数见表 3.4。

表 3.4 "ELSE MAERSK" 船舶参数

参数	数值	参数	数值
船宽/m	58.06	型深/m	31.00
夏季吃水/m	22.723	载重（夏季）/t	308 491.3
空船排水量/t	43 308.3	满载排水量/t	351 799.6
实际吃水/m	18.58	方形系数 C_B	0.8

2）下沉量预报表

"ELSE MAERSK" 船舶下沉量预报表见表 3.5。

表 3.5 "ELSE MAERSK" 船舶下沉量预报表

船速/kn	深水中的下沉量/m	浅水中的下沉量/m
3	0.07	0.15
4	0.13	0.26
5	0.20	0.41
6	0.29	0.59
7	0.40	0.80
8	0.52	1.04
9	0.66	1.32
10	0.82	1.63
11	0.99	1.97
12	1.17	2.35
13	1.38	2.75
14	1.60	3.19
15	1.83	3.67
16	2.09	4.17
17	2.36	4.71
18	2.64	5.28

3）测试结果

经过基准数据的求取、水流速度校正，得到"ELSE MAERSK"船舶下沉量的实际测量值，见表 3.6。

表 3.6 "ELSE MAERSK"船舶下沉量实际测量值

速度/kn	下沉量/m	速度/kn	下沉量/m
3	0.04	9	0.60
4	0.07	10	0.77
5	0.12	11	0.93
6	0.26	12	1.07
7	0.38	13	1.26
8	0.50	14	1.50

注：测试时，海面风力 4 级左右，流速小于 1 kn，能见度良好

4）结论

从测试结果看，30 万 t 级超大型船舶实际的船舶下沉量要比预报值稍小，根据上述测量结果，再考虑其他影响富余水深的因素，提出 30 万 t 级超大型船舶在浅水域时的富余水深控制标准，见表 3.7。

表 3.7 30 万 t 级超大型船舶富余水深控制标准（水深 20 m）

航速/kn	吃水的百分比/%	航速/kn	吃水的百分比/%
5	8	9	12
6	9	10	13
7	10	11	14
8	11	12	15

3.3.2 下沉量计算模型

1. 下沉量国内外研究现状

预报船体下沉量的方法主要有理论方法、经验公式、试验方法和数值方法 4 种。理论方法的计算结果最为准确，但其求解十分困难，不利于工程应用。经验公式因使用简洁方便，在实际中得到了广泛应用，但其精确性有待考验。试验方法较为精确，但需要的经济成本也是巨大的。近年来，随着计算机技术的飞速发展，国内外学者致力于数值方法的相关研究，数值方法相较于试验方法成本低，也能得到较为精确的计算结果。

1）理论方法

1966 年，Tuck[1]发表了开创性文章，将他早期的深水细长体理论应用于浅水中，可以求得船在浅水中的动态下沉和纵倾。Tuck[1]利用细长体理论推导得出了垂向力和纵倾力矩的理论计算公式，将其应用在船体下沉和纵倾的预测中，为了使该方法便于在实际中应用，对下沉和纵倾的计算公式进行了简化，得出了半经验半理论公式，如式（3.6）

所示，这为后来学者研究船体下沉奠定了基础。

$$S_{\mathrm{M}} = C_Z \frac{\nabla}{L_{\mathrm{PP}}^2} \frac{Fr_{\mathrm{h}}^2}{\sqrt{1-Fr_{\mathrm{h}}^2}}; \qquad t = C_\theta \frac{\nabla}{L_{\mathrm{PP}}^2} \frac{Fr_{\mathrm{h}}^2}{\sqrt{1-Fr_{\mathrm{h}}^2}} \qquad (3.6)$$

式中：S_{M} 和 t 分别为船体中部的下沉量和纵倾值；∇ 为排水量，$\nabla = L_{pp} \cdot B \cdot T \cdot C_{\mathrm{B}}$，即与船长 L_{PP}、船宽 B、吃水 d 和方形系数 C_{B} 有关；Fr_{h} 为水深弗劳德数，$Fr_{\mathrm{h}} = U/\sqrt{gh}$，$U$ 为航速，h 为水深；C_Z 和 C_θ 为待定系数，需要通过试验确定。

之后，Gourlay[2]继承和发展了 Tuck[1]的细长体理论，运用傅里叶变换方法，给出了不同航道断面形状下计算船体下沉量的理论公式。

2）经验公式

由 Tuck 公式可以看出，下沉量主要和船的基本尺度、水深、航速有关。当船行驶在限制航道中时，船体下沉量还与航道的横截面特征有关。实际中，一般最关心的是船体的最大下沉量，其发生在船尾或船首。本小节主要介绍第 23 届国际拖曳水池会议（International Towing Tank Conference，ITTC）操纵委员会提出的，在实际应用广泛的最大下沉量计算公式。

（1）Hooft 公式。Hooft 于 1974 年利用 Tuck 和 Taylor 提出的计算方法，取 $C_Z = 1.4 \sim 1.53$，$C_\theta = 1.0$。计算最大下沉量时，C_Z 通常取 1.46，对应的计算公式为

$$S_{\max} = 1.46 \frac{\nabla}{L_{\mathrm{PP}}^2} \frac{Fr_{\mathrm{h}}^2}{\sqrt{1-Fr_{\mathrm{h}}^2}} K_s + 0.5 L_{pp} \sin\left(\frac{\nabla}{L_{\mathrm{PP}}^2} \frac{Fr_{\mathrm{h}}^2}{\sqrt{1-Fr_{\mathrm{h}}^2}}\right) \qquad (3.7)$$

（2）Huuska 公式。Huuska 在 1976 年提出了类似 Tuck 公式的计算船首下沉量的方法，并引入了堵塞系数 K_s，给出了如下公式：

$$S_b = 2.4 K_s \frac{\nabla}{L_{\mathrm{PP}}^2} \frac{Fr_{\mathrm{h}}^2}{\sqrt{1-Fr_{\mathrm{h}}^2}} \qquad (3.8)$$

式中：当 $s_1 > 0.03$ 时，$K_s = 7.45 s_1 + 0.76$；当 $s_1 \leqslant 0.03$ 时，$K_s = 1$；$s_1 = \frac{A_s}{A_{\mathrm{ch}}} \frac{1}{K_1}$，其中：$K_1$ 为校正系数；A_s 和 A_{ch} 分别为船体中截面的面积和航道（或运河）的湿表面积。对于开敞水域，s_1 很小，$K_s = 1$。

（3）Eryuzlu 公式（1978）。Eryuzlu 等于 1978 年在对三艘有球鼻艏的 VLCC 模型试验的基础上，得出如下船首下沉量的计算公式（适用范围为 $1.08 \leqslant h/T \leqslant 2.78$）：

$$S_b = 0.113 B \left(\frac{h}{T}\right)^{-0.27} Fr_{\mathrm{h}}^{1.8} \qquad (3.9)$$

（4）Barrass 公式。Barrass 在 1979 年根据实船试验和模型试验（$0.5 < C_{\mathrm{B}} < 0.9$）给出了船舶在开敞水域和受限水域（$1.1 < h/T < 1.5$）的最大下沉量的计算公式：

$$S_{\max} = \frac{1}{30} C_{\mathrm{B}} \left(\frac{A_{\mathrm{m}}}{A_{\mathrm{c}} - A_{\mathrm{m}}}\right)^{2/3} v^{2.08} \qquad (3.10)$$

式中：A_{m} 为船体中截面的水下面积；A_{c} 为航道（或运河）横截面的湿表面积；v 为航速，单位为 kn。1981 年，Barrass 对上式进行了简化：

对于开敞水域（$0.06 < A_m/A_c < 0.30$），有

$$S_{\max} = \frac{1}{100} C_B v^2 \tag{3.11}$$

对于限制水域（$1.1 < h/T < 1.2$），有

$$S_{\max} = \frac{1}{50} C_B v^2 \tag{3.12}$$

（5）Römisch 公式。Römisch 于 1989 年对 Fuehrer 和 Römisch 的计算公式进行修正，提出了船体下沉量的计算公式：

$$S_{\max} = C_v C_F K_{\Delta T} T \tag{3.13}$$

式中：$K_{\Delta T} = 0.155\sqrt{\dfrac{h}{T}}$；计算船首下沉量时，$C_F = \left(\dfrac{10 C_B B}{L_{pp}}\right)^2$，计算船尾下沉量时，$C_F = 1$；

$C_v = 8\left(\dfrac{V}{V_{cr}}\right)^2\left[\left(\dfrac{V}{V_{cr}} - 0.5\right)^4 + 0.0625\right]$，$V_{cr}$ 为临界速度，其计算公式与航道的截面形状有关。

对于无限制的浅水域（$m < 0.167, W/L_{pp} > 3$，m 为航道底部的坡度，W 为航道的宽度，当坡度为零时，W 为航道的有效宽度），有

$$V_{cr} = 0.58\left(\frac{h}{T}\frac{L_{pp}}{B}\right)^{0.125}\sqrt{gh} \tag{3.14}$$

对于横截面形状为矩形或三角形的运河（$m > 0.167, W/L_{pp} < 3$），有

$$V_{cr} = K_c\sqrt{gh} \tag{3.15}$$

式中：K_c 为 A_c/A_m 的函数，由表 3.8 确定。

表 3.8　K_c 与 A_c/A_m 的关系

A_c/A_m	1	6	10	20	30	∞
K_c	0.00	0.52	0.62	0.73	0.78	1.00

对于限制航道，有

$$V_{cr} = \left[K_{ch}\left(1 - \frac{h_T}{h}\right) + K_c\frac{h_T}{h}\right]\sqrt{gh_{mT}} \tag{3.16}$$

式中：$K_{ch} = 0.58\left(\dfrac{h}{T}\dfrac{L_{pp}}{B}\right)^{0.125}$；$h_{mT} = h - h_T\left(1 - \dfrac{h_m}{h}\right)$。

（6）Millward 公式（1990）。Millward 在 1990 年采用不同的船模（$0.44 \leqslant C_B \leqslant 0.83$）进行了不同的模型试验（$L/h$ 为 6～12），提出了船首下沉量的计算公式：

$$S_b = \left(15.0 C_B \frac{B}{L_{pp}} - 0.55\right)\frac{Fr_h^2}{1 - 0.9 Fr_h}\frac{L_{pp}}{100} \tag{3.17}$$

Millward 指出该公式可能对船体下沉量的估计过大，但是偏于安全的。

（7）Millward 公式（1992）。1992 年，Millward 根据 Tuck 公式的结构，对式（3.17）进行了修正，得到如下计算公式：

$$S_b = \left(61.7 C_B \frac{T}{L_{pp}} - 0.6\right) \frac{Fr_h^2}{\sqrt{1-Fr_h^2}} \frac{L_{pp}}{100} \tag{3.18}$$

（8）Eryuzlu 公式（1994）。Eryuzlu 等于 1994 年对带有球鼻艏的散杂货船（$C_B \geqslant 0.8$, $L/B = 6.7 \sim 6.8$, B/T 为 $2.4 \sim 2.9$）在浅水（$1.1 \leqslant h/T \leqslant 2.5$）域中进行了模型试验，并在补充试验中考虑了航道宽度的影响，得到了如下计算船首下沉量的公式：

$$S_b = 0.298 \frac{h^2}{T} \left(\frac{U}{\sqrt{gT}}\right)^{2.289} \left(\frac{h}{T}\right)^{-2.972} K_b \tag{3.19}$$

式中：当 $W/B < 9.61$ 时，$K_b = \dfrac{3.1}{\sqrt{W/B}}$；当 $W/B > 9.61$ 时，$K_b = 1$。

（9）Ankudinov 公式。1996 年，Ankudinov 等考虑船型、螺旋桨、水深吃水比及航速等因素的影响，提出了浅水中平均下沉量的计算公式：

$$S_M = (1 + K_P^S)(\text{PAR\_Hulls})(\text{PAR}_+H/T)(\text{PAR\_}Fr_h)(\text{PAR\_CH1}) \\ - Fr_h^{10}\left[0.005(1-C_B)\frac{L_{pp}}{B}\frac{1}{1-0.95Fr_h^{10}}\right] \tag{3.20}$$

相应地，船舶在浅水中航行时的纵倾变化为

$$t = -2.5(\text{PAR\_Hulls})(\text{PAR\_}H/T)(\text{PAR\_}Fr_h)(\text{PAR\_CH2})\text{K\_Trim} \\ - 0.005Fr_h^{10}\left[(1-C_B)\frac{L_{pp}}{B}\frac{\text{PAR}_+H/T}{1-0.95Fr_h^{10}}\right] \tag{3.21}$$

船舶最大（船首）下沉量为

$$S_b = L_{pp} \cdot (S_M + 0.5|t|) \tag{3.22}$$

式中：PAR_Hulls 为船体形状影响因素，其在浅水中的计算公式为

$$\text{PAR\_Hulls} = 1.7C_B \frac{BT}{L_{pp}^2} + 0.004C_B^2 \tag{3.23}$$

PAR_+H/T 为水深吃水比影响因素，$\text{PAR}_+H/T = 1 + 0.35\left(\dfrac{T}{h}\right)^2$；$\text{PAR\_}H/T$ 为螺旋桨效应引起的纵倾变化，$\text{PAR\_}H/T = 1 - \text{e}^{\left[2.5\left(1-\frac{h}{T}\right)\frac{1}{Fr_h}\right]}$；$\text{PAR\_}Fr_h$ 为水深弗劳德数（船速）的影响因素，其计算公式为

$$\text{PAR\_}Fr_h = Fr_h^{1.8+0.4Fr_h} + 0.5Fr_h^4 + 0.7Fr_h^6 + 0.9Fr_h^8 \tag{3.24}$$

PAR_CH1 和 PAR_CH2 为航道宽度影响参数，在开敞水域中，均取值为 1，在航道中的计算公式为

$$\text{PAR\_CH1} = 1 + 10S_h - 1.5(1+S_h)S_h^{0.5} \\ \text{PAR\_CH2} = 1 - 5S_h \tag{3.25}$$

式中：S_h 是与堵塞系数的相关的系数，$S_h = (A_m/A_c)/(h/T)$。

$$\text{K\_Trim} = C_B^2 - (0.15 + K_P^T + K_B^T + K_{TR}^T + K_{in}^T) \tag{3.26}$$

式（3.26）中的 K_P^T 和式（3.20）中的 K_P^S 为螺旋桨影响系数，对于单螺旋桨，$K_P^T = 0.1$，

$K_\mathrm{P}^\mathrm{S} = 0.1$，对于双螺旋桨，$K_\mathrm{P}^\mathrm{T} = 0.2$，$K_\mathrm{P}^\mathrm{S} = 0.13$；$K_\mathrm{B}^\mathrm{T}$ 为球鼻艏影响因素，对于有球鼻艏船舶，$K_\mathrm{B}^\mathrm{T} = 0.1$，对于无球鼻艏船舶，$K_\mathrm{B}^\mathrm{T} = 0$；$K_\mathrm{TR}^\mathrm{T}$ 为船尾横向宽度影响因素，$K_\mathrm{TR}^\mathrm{T} = 0.1 B_\mathrm{TR}/B$，$B_\mathrm{TR}$ 为船尾部宽度；K_in^T 为初始纵倾影响因素，其计算公式为

$$K_\mathrm{in}^\mathrm{T} = 0.5 \frac{t_\mathrm{AP} - t_\mathrm{FP}}{t_\mathrm{AP} + t_\mathrm{FP}} \tag{3.27}$$

式中：t_AP 和 t_FP 分别为初始时刻船尾和船首的纵倾值。

使用上述各方法分别对集装箱船、超大型游轮、散货船的下沉量进行计算，结果如图 3.2～图 3.4 所示。

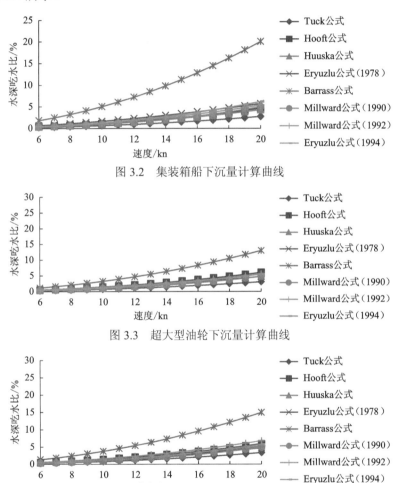

图 3.2　集装箱船下沉量计算曲线

图 3.3　超大型油轮下沉量计算曲线

图 3.4　散货船下沉量计算曲线

使用 Barrass 公式对不同船型的适应性分析，结果如图 3.5 所示。从图中可以看出，Barrass 公式的安全富余水深较大，但与其他公式的结果相比有些过大。考虑现有计算公式各自存在相关不足之处，本小节从船舶操纵的角度出发，结合半波高等因素对船舶下沉量的影响，主要采取数值模拟和物理模拟的方式研究渤海海域超大型船舶的富余水深及下沉量变化。

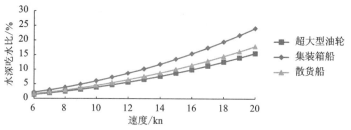

图 3.5　Barrass 公式对不同船型的适应性分析

可以看出 Barrass 公式对集装箱船下沉量的估计过大，对集装箱船实用性不强。但由于集装箱船的吃水相较于超大型油轮和散货船偏小，本小节选用该公式分析超大型油轮和散货船的最大速度控制标准。参考其他几种计算公式的结果，将 Barrass 公式安全富余水深降低 20%，则船舶下沉量计算公式为

$$S = \frac{1}{120} C_{\mathrm{B}} V^2 \qquad (3.28)$$

新公式与 Barrass 公式针对超大型油轮和散货船的预报结果和对比分析如图 3.6 所示。

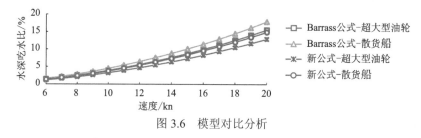

图 3.6　模型对比分析

3）试验方法

随着全球定位系统（global positioning system，GPS）的应用，一些国家将 GPS 运用在船舶上，以精确测定船舶航行时的下沉量。加拿大海岸警卫队于 1994 年运用 GPS-OTF（GPS-On The Fly）技术精确测量圣劳伦斯河中船舶的下沉量，并得出了船体下沉量的计算公式。美国陆军工程兵团海岸和水利实验室于 1999 年将 GPS 运用在查尔斯顿港口中，测量了船舶下沉量，并与几个常用公式的计算结果进行了对比。德国应用科学大学学者于 2002 年提出了 SHIPS（shore independent precise squat observation）方法，避免了实验测量和验潮仪测量缺陷带来的影响，并且在德国航道的几个试验中得到了验证。对实船测量数据的分析，为使用理论方法和数值方法研究船体下沉量提供了指导。

4）数值方法

计算机技术的飞速发展，使基于计算流体力学（computational fluid dynamics，CFD）技术的水动力研究取得了很大的进展。数值计算所使用的方法从过去的势流方法一直发展到如今的黏性流方法，计算精度在一步步提高，CFD 方法也发挥着越来越重要的作用。目前计算船体下沉量的势流方法主要有以下三种数值方法：一是采用 Tuck[1] 提出的细长体理论；二是采用边界元方法；三是采用有限元方法。目前黏流计算有直接数值模拟（direct numerical simulation，DNS）、大涡模拟（large eddy simulation，LES）和求解雷诺平均 N-S（Reynolds-averaged Navier-Stokes，RANS）方程三类，实际应用较多的是求

解 RANS 方程。

2. 数学模型及其数值方法

1）数学模型

考虑船舶以恒定航速 U 在浅水中匀速向前行驶，如图 3.7 所示。采用右手直角坐标系 $o\text{-}xyz$，其中 $o\text{-}xy$ 平面与静水面重合，x 轴指向船首，y 轴指向船体右舷，z 轴垂直向下，h 为水深，T 为吃水。

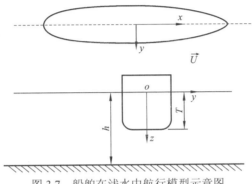

图 3.7 船舶在浅水中航行模型示意图

假定流体为不可压理想流体，流动无旋，则存在扰动速度势 $\varphi(x,y,z)$，在流场中满足拉普拉斯（Laplace）方程：

$$\nabla^2 \phi = 0 \tag{3.29}$$

同时在流场边界上满足下列边界条件。

（1）在船体湿表面 S_B 上：

$$\nabla \phi \cdot \boldsymbol{n}_B = U n_{B1} \tag{3.30}$$

式中：$\boldsymbol{n}_B = (n_{B1}, n_{B2}, n_{B3})$ 为船体湿表面单位内法向矢量。

（2）在岸壁湿表面 S_W 上：

$$\nabla \phi \cdot \boldsymbol{n}_W = 0 \tag{3.31}$$

式中：$\boldsymbol{n}_W = (n_{W1}, n_{W2}, n_{W3})$ 为岸壁湿表面上指向流场外部的单位法向矢量。

（3）在水底 $(z = h)$：

$$\phi_z = 0 \tag{3.32}$$

（4）在自由面 $S_F(z = \zeta(x,y))$，综合自由面边界条件为

$$\nabla \phi \cdot \nabla \left(\frac{1}{2} \nabla \phi \cdot \nabla \phi \right) - 2U \nabla \phi \cdot \nabla \phi_x + U^2 \nabla \phi_{xx} - g\phi_z = 0 \tag{3.33}$$

式中：ζ 为自由面升高；g 为重力加速度。

（5）在无穷远处满足衰减条件：

$$\nabla \phi \big|_{R \to \infty} = (0, 0, 0) \tag{3.34}$$

式中：$R = \sqrt{x^2 + y^2 + z^2}$。

（6）辐射条件：ϕ 应满足在船舶远前方无波的条件。

求解以上定解问题得到扰动速度势 ϕ，便可根据伯努利（Bernoulli）方程得到流场

中的流体压力：

$$p = \rho \left(U\phi_x - \frac{1}{2}\nabla\phi \cdot \nabla\phi + gz \right) \tag{3.35}$$

式中：ρ 为流体密度。将流体沿船体湿表面积分，可得到船体受到的水动力和力矩为

$$\boldsymbol{F} = (F_1, F_2, F_3) = \iint_{S_B} p\boldsymbol{n}_B \mathrm{d}S \tag{3.36}$$

$$\boldsymbol{M} = (M_1, M_2, M_3) = \iint_{S_B} p(\boldsymbol{r} \times \boldsymbol{n}_B)\mathrm{d}S \tag{3.37}$$

式中：$\boldsymbol{r} = (x, y, z)$ 为坐标原点至船体湿表面 S_B 上任意一点的向量；$\boldsymbol{F} = (F_1, F_2, F_3)$ 为船体受到的沿三个坐标轴方向的力；$\boldsymbol{M} = (M_1, M_2, M_3)$ 为船体受到的绕三个坐标轴旋转的力矩。

采用一阶三维兰金（Rankine）源面元法求解以上边值问题。流场中任意一点 $P(x, y, z)$ 的速度势 ϕ 可用边界上分布的 Rankine 源来表达：

$$\phi(P) = -\frac{1}{4\pi}\iint_S \frac{\sigma(Q)}{r(P, Q)}\mathrm{d}S \tag{3.38}$$

式中：$S = S_F + S_B + S_W + S_H + S_\infty$ 为流场的边界面，S_F 为自由面，S_B 为船体表面，S_W 为岸壁表面，S_H 为水底面，S_∞ 为无穷远处边界面；Q 为边界面 S 上的源点；$\sigma(Q)$ 为 Q 点的源强；$r(P, Q)$ 为场点 P 和源点 Q 之间的距离。

式（3.37）自动满足 Laplace 方程和无穷远处 S_∞ 的扰动衰减条件。本小节仅考虑水底面为一水平面的情况，因此可以采用镜像原理计及水底的影响，原像和其关于水底的镜像具有相同的源分布，如图 3.8 所示。因此式（3.38）可以改写为

$$\phi(P) = -\frac{1}{4\pi}\iint_{SS'} \frac{\sigma(Q)}{r(P, Q)}\mathrm{d}S \tag{3.39}$$

式中：$SS' = S_F + S_B + S_W + S'_F + S'_B + S'_W$，$S'_F$、$S'_B$ 和 S'_W 分别为 S_F、S_B 和 S_W 关于水底的镜像。

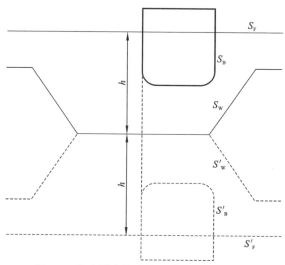

图 3.8　体表面和岸壁表面关于水底的镜像

2）数值计算方法

将船体表面、自由表面和岸壁表面分别离散为 N_B、N_F 和 N_W 个面元，假定每个面元上的源强是一常量，并以面元的几何平均点为配置点。由式（3.39）可得流场中任意一点 $P(x,y,z)$ 的速度势的离散形式：

$$\phi(x,y,z) = -\frac{1}{4\pi} \sum_{i=1}^{N} \sigma_i \left[\iint_{S_i} \frac{1}{r} dS + \iint_{S_i'} \frac{1}{r'} dS \right] \tag{3.40}$$

式中：$N = N_B + N_F + N_W$；σ_i 为第 i 个面元上的源强；S_i 为第 i 个面元；S_i' 为 S_i 关于水底的镜像；r' 为源点 Q 关于水底的镜像点 Q' 到场点 P 的距离。

若令 $G_i(x,y,z) = -\dfrac{1}{4\pi} \left[\iint_{S_i} \dfrac{1}{r} dS + \iint_{S_i'} \dfrac{1}{r'} dS \right]$，则式（3.40）可改写为

$$\phi(x,y,z) = \sum_{i=1}^{N} \sigma_i G_i(x,y,z) \tag{3.41}$$

将式（3.41）代入式（3.30）和式（3.31），得

$$\left(\sum_{i=1}^{N} \sigma_i \nabla G_i \right) \cdot \boldsymbol{n}_B = U n_{B1} \tag{3.42}$$

$$\left(\sum_{i=1}^{N} \sigma_i \nabla G_i \right) \cdot \boldsymbol{n}_W = 0 \tag{3.43}$$

由于自由面条件是非线性的，可运用牛顿迭代法来满足以上条件，将式（3.33）和式（3.34）改写为

$$E(x,y,z;\sigma_i) = gz + U\phi_x - \frac{1}{2} \nabla\phi \cdot \nabla\phi = 0 \tag{3.44}$$

$$F(x,y,z;\sigma_i) = \nabla\phi \cdot \nabla\left(\frac{1}{2} \nabla\phi \cdot \nabla\phi \right) - 2U\nabla\phi \cdot \phi_x + U^2 \nabla\phi_{xx} - g\phi_z = 0 \tag{3.45}$$

假设第 k 步迭代时，ζ 和 σ_i 的近似值分别为 Z 和 A_i，对式（3.44）和式（3.45）在近似值处进行一阶泰勒（Taylor）展开，得

$$E^{(k)} + (z-Z)E_z^{(k)} + \sum_{i=1}^{N} (\sigma_i - A_i)E_{\sigma_i}^{(k)} = 0 \tag{3.46}$$

$$F^{(k)} + (z-Z)F_z^{(k)} + \sum_{i=1}^{N} (\sigma_i - A_i)F_{\sigma_i}^{(k)} = 0 \tag{3.47}$$

由式（3.46）和式（3.47）消去 z 得

$$F^{(k)} + E^{(k)} \frac{F_z^{(k)}}{E_z^{(k)}} + \sum_{i=1}^{N} (\sigma_i - A_i)\left(F_{\sigma_i}^{(k)} - E_{\sigma_i}^{(k)} \frac{F_z^{(k)}}{E_z^{(k)}} \right) = 0 \tag{3.48}$$

联立式（3.42）、式（3.43）和式（3.48），分别对应的船体上 N_B 个方程、岸壁上 N_W 个方程，以及自由面上 N_F 个方程，得到一个 N 阶的线性方程组。求解该方程组得到第 k 步迭代的 N 个未知源强。由式（4.36）求得本次迭代的波面升高为

$$\zeta = Z - \left[E^{(k)} + \sum_{i=1}^{N} (\sigma_i - A_i)E_{\sigma_i}^{(k)} \right] \frac{1}{E_z^{(k)}} \tag{3.49}$$

将第 k 步求得的 ζ 和 σ_i 的近似值作为下一步迭代的初始值，依次进行迭代直至满足以下收敛条件：

$$\varepsilon_{\max} = \max_j \left| \frac{F(x_j, y_j, z_j; \sigma_i)}{gU} \right| < \varepsilon \qquad (3.50)$$

式中：(x_j, y_j, z_j) 为自由面上的配置点；ε 为给定的精度。

初始迭代时，取 $z = 0$、$A_i = 0$，将其代入式（3.48）中化简得

$$U^2 \phi_{xx} - g\phi_z = 0 \qquad (3.51)$$

式（3.51）即为线性化的自由面边界条件，第一次迭代的结果即为原问题的线性解。

对于自由面流动问题，除了满足物面条件和自由面条件，还须满足一定的辐射条件。本小节采用"网格错位"的方法，将自由面源层上置一定高度，并用点源代替面元上的源分布，点源相对于相应的配置点沿纵向向后错位一定的距离。

船体下沉量的计算是通过船体的动态平衡实现的。记船体静浮状态时的下沉力和纵倾力矩分别为 F_{30} 和 M_{20}，第 k 次迭代的船体下沉力为 F_3，纵倾力矩为 M_2，则可根据下式计算本次迭代的吃水变化 ΔT 和纵倾变化 $\Delta \theta$：

$$\begin{pmatrix} F_3 - F_{30} \\ M_2 - M_{20} \end{pmatrix} = \begin{pmatrix} \dfrac{\partial F_3}{\partial T} & \dfrac{\partial F_3}{\partial \theta} \\ \dfrac{\partial M_2}{\partial T} & \dfrac{\partial M_2}{\partial \theta} \end{pmatrix} \begin{pmatrix} \Delta T \\ \Delta \theta \end{pmatrix} \qquad (3.52)$$

式中：$\dfrac{\partial F_3}{\partial T} = \rho g A_w$；$\dfrac{\partial F_3}{\partial \theta} = -\rho g A_w x_w$；$\dfrac{\partial M_2}{\partial T} = \dfrac{\partial F_3}{\partial \theta}$；$\dfrac{\partial M_2}{\partial \theta} = \rho g (A_w x_w^2 + \nabla \overline{GM_L})$。其中：$A_w$ 为水线面的面积；x_w 为水线面形心的纵向坐标；∇ 为排水体积；$\overline{GM_L}$ 为纵稳心高。

3. 船舶下沉量和纵倾的计算

选取 KRISO 集装箱船（KRISO container ship，KCS）、韩国大型油轮（KVLCC2）及散货船（bulk carrier）三种船型为研究对象。三种船型的主尺度见表 3.9。

表 3.9 三种船型的主尺度

项目	KCS	KVLCC2	bulk carrier
垂线间长/m	230.00	320.00	257.10
型宽/m	32.20	58.00	41.40
型深/m	19.00	30.00	21.30
吃水/m	10.80	20.80	17.40
方形系数	0.65	0.8098	0.78

由于船体关于中纵剖面对称，本小节仅离散半个船体表面，通过编程获得整个船体的网格单元。图 3.9～图 3.11 分别是三种船体表面的网格划分。

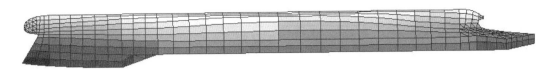

图 3.9　KCS 船体表面的网格划分

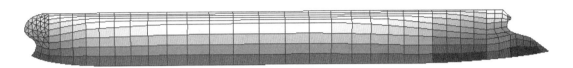

图 3.10　KVLCC2 船体表面的网格划分

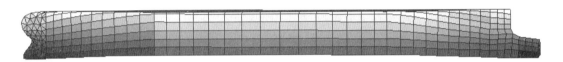

图 3.11　bulk carrier 船体表面的网格划分

计算中，自由面的离散区域在 x 方向上取船前 1.0 倍船长，船后 2.0 倍船长，在 y 取为 1.0 倍船长。以 KCS 为例，图 3.12 给出了在设计航速下对应的自由面网格划分。

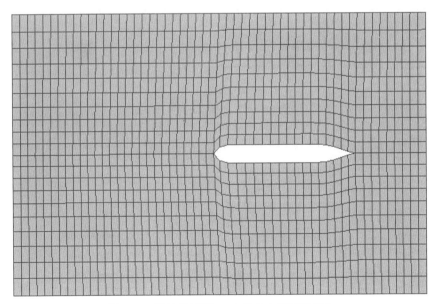

图 3.12　设计航速下 KCS 的自由面网格划分

针对以上三种船型，分别选取 3 种计算航速（全速、中速和半速）和 4 种水深吃水比（h/d 分别为 6.0、3.5、2.5、1.5）。各种计算工况下的弗劳德数及水深弗劳德数见表 3.10。

表 3.10　三种船型的工况计算

h/d	KCS			KVLCC2			bulk carrier		
	24 kn (Fr=0.26)	18 kn (Fr=0.195)	12 kn (Fr=0.13)	15.5 kn (Fr=0.142)	10.0 kn (Fr=0.092)	7.8 kn (Fr=0.072)	18 kn (Fr=0.184)	13.5 kn (Fr=0.138)	9 kn (Fr=0.092)
6.0	0.490	0.367	0.245	0.197	0.127	0.099	0.289	0.217	0.145
3.5	0.641	0.481	0.321	0.298	0.193	0.150	0.379	0.284	0.189
2.5	0.759	0.569	0.379	0.353	0.228	0.178	0.448	0336	0.224
1.5	0.979	0.735	0.490	0.456	0.294	0.229	0.579	0.434	0.289
1.2	1.095	0.821	0.547	0.510	0.329	0.256	0.647	0.485	0.324

1）KCS 下沉量计算结果

根据表 3.10 中列出的工况图进行计算，得到 KCS 在不同航速和不同水深条件下无因次化的船体下沉、纵倾及下沉量，分别如图 3.13 和图 3.14 所示。

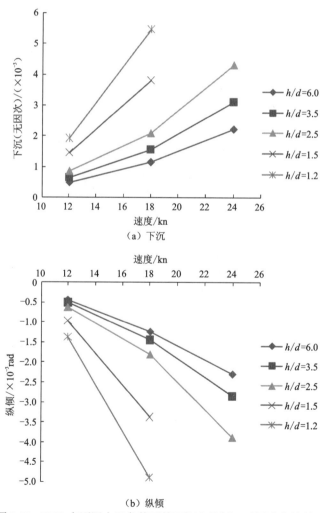

（a）下沉

（b）纵倾

图 3.13　KCS 在不同水深条件下的下沉和纵倾（无因次化结果）

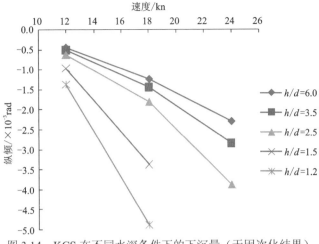

图 3.14 KCS 在不同水深条件下的下沉量（无因次化结果）

由计算结果可知，随着航速的增加，船舶下沉量不断增加；在某一固定航速下，随着水深的减小，船舶下沉量也是逐渐增加。需要指明的是，在 $h/d=1.5$ 时，KCS 以设计航速航行时，本小节的计算方法无法得到收敛的结果，这是由于此时对应的水深弗劳德数（Fr_h）接近 1.0，处于临界速度范围内，水流不再是稳定的，产生了孤立波。因此本小节的假定不再成立，用自由面网格抬高错位的方法来满足辐射条件也失效了。

图 3.15 给出了水深吃水比 $h/d=6.0$ 时，KCS 以全速、中速和半速航行时的自由面波形图。从图中可以清楚看到船行波的散波波系和横波波系，并且自由面兴波的波长和波高随着 KCS 航速的提高而逐渐增加。

表 3.11 给出了 KCS 下沉量的无因次计算结果。图 3.16 为根据表格中的数据绘制的 KCS 下沉量随航速和水深吃水比的变化规律。当 KCS 以设计航速行驶在水深吃水比为 2.5 的条件下时，船舶的下沉量为 1.436 m。因此，船舶航行在浅水中时，需要适当降低航速，以保证其安全通航。

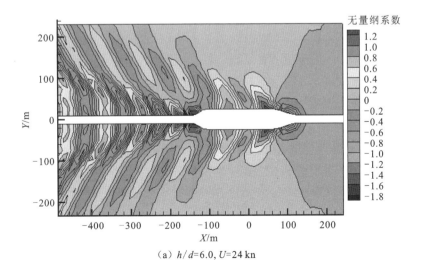

（a）h/d=6.0，U=24 kn

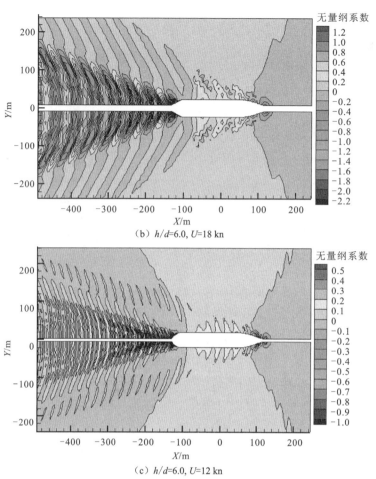

（b）h/d=6.0, U=18 kn

（c）h/d=6.0, U=12 kn

图 3.15　KCS 在不同航速下的自由面波形图（h/d=6.0）

表 3.11　KCS 下沉量的计算结果　　　　　　　　　　　　（单位：m）

h/d	U=24 kn	U=18 kn	U=12 kn
6.0	0.776	0.409	0.163
3.5	1.044	0.526	0.209
2.5	1.436	0.688	0.267
1.5	—	1.262	0.446
1.2	—	1.818	0.599

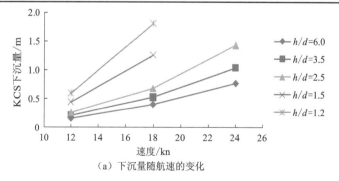

（a）下沉量随航速的变化

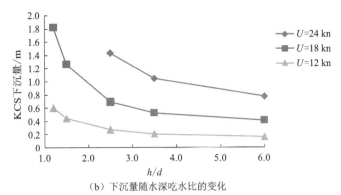

（b）下沉量随水深吃水比的变化

图 3.16　KCS 的下沉量随航速和水深吃水比的变化规律（有因次结果）

2）KVLCC2 下沉量计算结果

根据表 3.10 中列出的工况图进行计算，得到 KVLCC2 在不同航速和不同水深条件下的船体下沉、纵倾及总的下沉量，分别如图 3.17 和图 3.18 所示。

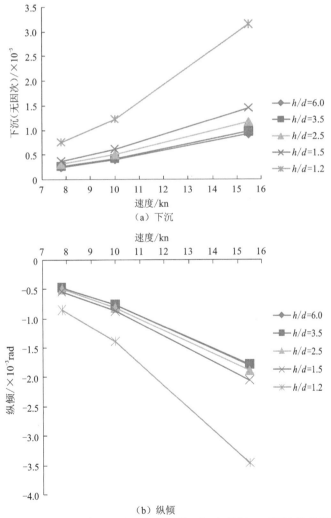

（a）下沉

（b）纵倾

图 3.17　KVLCC2 在不同水深条件下的下沉和纵倾（无因次化结果）

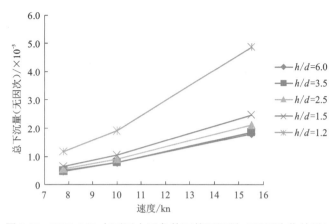

图 3.18　KVLCC2 在不同水深条件下的下沉量（无因次化结果）

由图 3.17 和图 3.18 可知：在某一水深下，随着航速的增加，船舶下沉量逐渐增加；若固定航速，随着水深的减少，船舶下沉量也是逐渐增加的，并且水深越浅，下沉量增加越大。

表 3.12 给出了 KVLCC2 下沉量的有因次化结果。图 3.19 为基于以上结果绘制的 KVLCC2 下沉量随航速和水深吃水比的变化规律。由图 3.19（b）可以看出，航速越大，KVLCC2 的下沉量增加越快。

表 3.12　KVLCC2 下沉量的计算结果　　　　　　　　　（单位：m）

h/d	U=15.5 kn	U=10 kn	U=7.8 kn
6.0	0.582	0.249	0.153
3.5	0.596	0.256	0.158
2.5	0.678	0.289	0.178
1.5	0.794	0 334	0.205
1.2	1.565	0.613	0.376

3）bulk carrier 下沉量计算结果

根据表 3.10 中列出的工况图进行计算，得到 bulk carrier 在不同航速和不同水深条件下的船体下沉、纵倾及总的下沉量，分别如图 3.20 和图 3.21 所示。

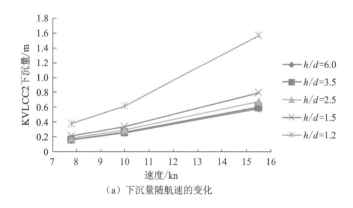

（a）下沉量随航速的变化

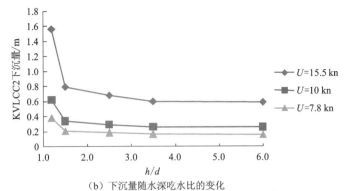

（b）下沉量随水深吃水比的变化

图 3.19　KVLCC2 的下沉量随航速和水深吃水比的变化规律（有因次结果）

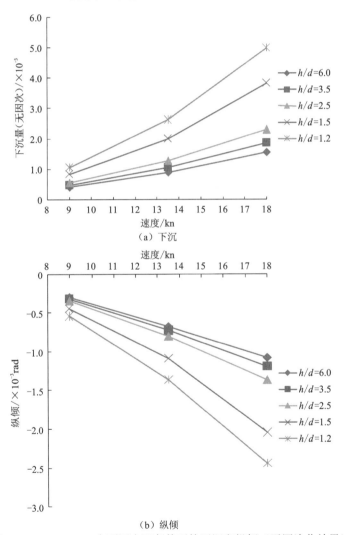

（a）下沉

（b）纵倾

图 3.20　bulk carrier 在不同水深条件下的下沉和纵倾（无因次化结果）

　　由图 3.20 和图 3.21 可以看出，bulk carrier 的下沉和纵倾的变化规律与 KCS 和 KVLCC2 相同：某一航速下，总下沉量随着水深的减少逐渐增加；在某一水深吃水比下，总下沉量随航速的增加而增加。

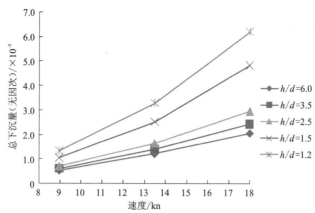

图 3.21 bulk carrier 在不同水深条件下的下沉量（无因次化结果）

同样，表 3.13 给出了 bulk carrier 下沉量的有因次化结果。图 3.22 是基于以上结果绘制的 bulk carrier 下沉量随航速和水深吃水比的变化规律。

表 3.13   bulk carrier 下沉量的计算结果   （单位：m）

h/d	$U=18$ kn	$U=13.5$ kn	$U=9$ kn
6.0	0.535	0.314	0.139
3.5	0.628	0.362	0.159
2.5	0.761	0.429	0.185
1.5	1.245	0.651	0.269
1.2	1.598	0.847	0.340

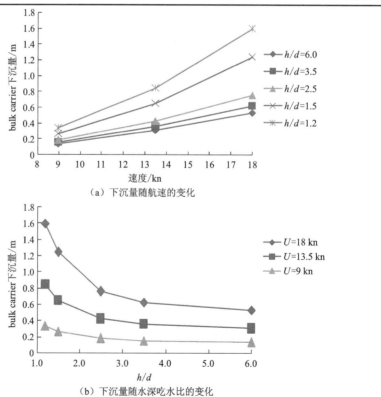

（a）下沉量随航速的变化

（b）下沉量随水深吃水比的变化

图 3.22 bulk carrier 的下沉量随航速和水深吃水比的变化规律（有因次结果）

4. 浅水中航行船舶船体下沉模型试验

1）船型参数

试验船舶船型参数见表 3.14。

表 3.14　试验船舶船型参数

参数	实船	船模
两柱间长 L_{pp}/m	320	3.56
型宽 B/m	58	0.644
排水体积 ∇/m³	312 622	0.429
浮心位置（距艉）/m	11.136（+3.48%L）	0.124
模型缩尺比 λ		90

注：L 为船长

2）试验工况

试验船舶吃水、船速参数见表 3.15，其中试验船舶吃水为满载吃水（实船吃水为 20.8 m），设计船速 3 个。

表 3.15　试验船舶吃水、船速参数

参数	数值		
实船船速 V_S/kn	15.5	10	7.8
弗劳德数 Fr	0.1423	0.0918	0.0716
船模速度 V_m/（m/s）	0.841	0.543	0.423

试验船舶水深吃水比见表 3.16。

表 3.16　试验船舶水深吃水比

参数		水深吃水比			
		6.0	3.5	2.5	1.5
实船水深/m		124.8	72.8	52.0	31.2
水深 Fr_h	V_S=7.973 m/s	0.227	0.298	0.353	0.456
	V_S=5.144 m/s	0.147	0.192	0.228	0.294
	V_S=4.012 m/s	0.115	0.15	0.178	0.229

3）下沉量测量位置

（1）船首下沉量—艏柱位置，20 站。

（2）船尾下沉量—艉柱位置，0.0 站。

根据各工况测得的艏、艉给定位置的下沉量，通过计算可得到船体下沉和纵倾随航速、水深的变化规律。

4）试验水池

试验在风浪流水池中进行，水池长×宽×高＝90 m×15 m×2 m，水深可变，变化范围为 0～1.8 m，水池车架车速为 0～2 m/s。

5）测量仪器

（1）小型适航仪：适航仪安装在水池车架上，适航仪的升沉杆可自由上下移动，升沉杆下端与船模连接，连接处为铰接装置，连接点在船模浮心位置，保证船模有纵摇及升沉两个自由度。

（2）位移传感器：两个位移传感器分别安装在船模艏艉甲板上，位置为艏柱位置（20站）及艉柱位置（0.0站），测量艏艉位置的下沉量。

6）试验结果

根据模型试验结果得到的不同船速下实船艏艉柱处的下沉量，见表 3.17。

表 3.17　船舶下沉量　　　　　　　　　　　　（单位：cm）

船舶速度/kn	31.2 m		52.0 m	
	艏柱	艉柱	艏柱	艉柱
15.5	5.04	10.62	8.82	11.61
10.0	3.33	12.24	7.11	13.86
7.8	−7.11	9.72	−1.71	13.86

船舶速度/kn	72.8 m		124.8 m	
	艏柱	艉柱	艏柱	艉柱
15.5	9.54	13.14	10.44	13.41
10.0	7.767	15.21	9.72	17.19
7.8	0.36	15.48	3.33	17.46

各种条件下的试验照片和适航仪如图 3.23～图 3.27 所示。

图 3.23　水深为 0.35 m，速度为 0.543 m/s

图 3.24　水深为 0.35 m，速度为 0.543 m/s

图 3.25　水深为 0.58 m，速度为 0.543 m/s

图 3.26　水深为 0.81 m，速度为 0.543 m/s

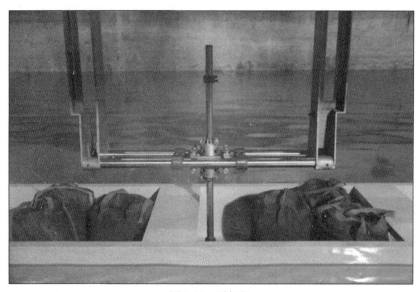

图 3.27 适航仪

5. 船舶下沉量计算模型

基于 KCS、KVLCC2 及 bulk carrier 三种船型，计算不同航速和水深吃水比条件下的下沉量变化值变化趋势，具体统计数据如表 3.18～表 3.20 所示。

表 3.18 KCS 在不同航速、水深吃水比下的下沉量（$C_B = 0.65$）

h/d	$V_1 = 24$ kn	$V_2 = 18$ kn	$V_3 = 12$ kn
6.0	0.776	0.409	0.163
3.5	1.044	0.526	0.209
2.5	1.436	0.688	0.267
1.5	—	1.262	0.446
1.2	—	1.818	0.599

表 3.19 KVLCC2 在不同航速、水深吃水比下的下沉量（$C_B = 0.8098$）

h/d	$V_1 = 15.5$ kn	$V_2 = 10$ kn	$V_3 = 7.8$ kn
6.0	0.582	0.249	0.153
3.5	0.596	0.256	0.158
2.5	0.678	0.289	0.178
1.5	0.794	0.334	0.205
1.2	1.565	0.613	0.376

表 3.20   bulk carrier 在不同航速、水深吃水比下的下沉量（$C_B = 0.78$）

h/d	$V_1 = 18$ kn	$V_2 = 13.5$ kn	$V_3 = 9$ kn
6.0	0.535	0.314	0.139
3.5	0.628	0.362	0.159
2.5	0.761	0.429	0.185
1.5	1.245	0.651	0.269
1.2	1.598	0.847	0.34

将不同下沉量所对应的船舶方形系数、水深吃水比和航速无量纲化，通过线性回归的方式建立下沉量关于船舶方形系数、水深吃水比和航速的计算模型：

$$\text{Squat} = -0.1152h/d + 0.9C_B + 0.08V - 0.8$$

式中：Squat 为船舶下沉量；h/d 为水深吃水比；C_B 为船舶方形系数；V 为航速。

新建模型与已有经验公式的对比分析如图 3.28～图 3.30 所示。

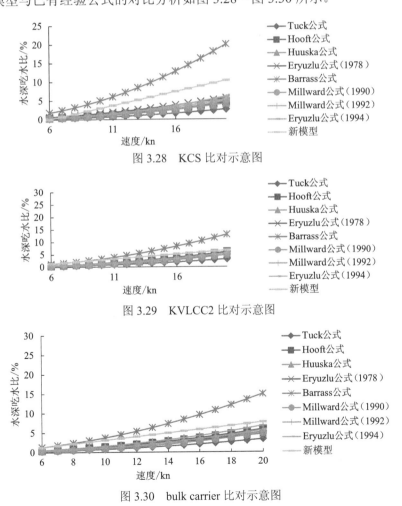

图 3.28   KCS 比对示意图

图 3.29   KVLCC2 比对示意图

图 3.30   bulk carrier 比对示意图

参 考 文 献

[1] Tuck E O. Shallow-water flows past slender bodies. Journal of Fluid Mechanics, 1966, 26(1): 81-95.

[2] Gourlay M R. Wave set-up and wave generated currents in the lee of a breakwater or headland//Coastal Engineering, Copenhagen, Denmark. New York: American Society of Civil Engineer, 1974: 176-195.

第 4 章

超大型船舶安全航速

超大型船舶航行通常情况下处于一种自由航行的状态，由船舶操纵者根据自身经验结合附近水域情况确定船舶航行的速度。由于船舶操纵者的水平不同，若航速过快可能会使航行安全面临着许多威胁，若航速过慢将使通航效率不能得到很好的保障。目前尚无关于超大型船舶安全航速控制标准研究。如何针对超大型船舶构建安全航速控制标准计算模型，并结合航道宽度、富余水深和船舶交通流特征提出超大型船舶安全航速控制标准，在保障安全的基础上有效地提高通航效率，是超大型船舶航行控制及管理需要解决的关键技术问题之一。

4.1 航速与船舶航行安全

在航道内：若船速过低，则舵效下降，同时船舶可能会在风流致漂移影响下偏出航道；若航速过快，则动吃水增加，船舶搁浅的风险将大幅提高。此外，过快或过慢的航速会破坏现有船舶交通流的特性，导致拥堵事故发生。因此，船舶安全航速不仅要考虑船舶避碰的因素，还应考虑舵效维持要求的最低速度、船舶交通流的平均速度、抵消风致漂移和流致漂移的最小速度、计入动吃水而不致发生搁浅的最大速度等重要因素。

《1972 年国际海上避碰规则》（以下简称避碰规则）首次引入"安全航速"（safe speed）的概念取代以前使用的缓速（moderate speed），将其作为要求每一艘船舶在任何时候均应遵循的行为规则，并专门为之设定了一个独立的条款。本章从横向（航道宽度要求）、纵向（船舶交通流特征要求）和垂向（水深要求）三个维度开展超大型船舶安全航速限定标准的建模研究，提出界定超大型船舶安全通航的速度限制标准的模型。

4.2 安全航速的影响因素

除了超大型船舶自身的操纵性能对安全航速的影响，自然条件（包括能见度和风、浪、流）、航道条件（包括航道宽度、航道深度、航道弯曲度）、船舶交通流（包括船舶密度、他船航速）对大型船舶的安全航速影响也较为明显。

4.2.1 自然条件的影响

1. 能见度

能见度是指船舶能够看到周围环境中船舶或物标的最大水平距离。能见度是决定安全航速若干因素中最重要的因素，船舶在能见度不良时的碰撞率极高，是能见度良好时的一倍以上。当能见度不佳时，由于视觉瞭望受到限制，驾驶员只能依赖雷达、甚高频（very high frequency，VHF）等无线电手段及雾号等听觉瞭望手段对周围环境进行判断。这种判断因为无法达到通过视觉瞭望所具有的迅速直观效果，会影响驾驶员对周围环境掌握的准确性。可能当发现问题时，在时间和距离上已来不及采取有效措施，即无法在安全距离内把船停住。因此在一定程度上，能见度受限制，船舶航速也随之受到限制。

导致能见度不佳的原因众多，包括雨、雪、霾、雾、沙尘暴等，其中雾导致的能见度不佳情况占多数。能见度不佳的水域会给船舶的航行带来困难，具体如下。

（1）船舶定位导航困难。能见度不佳情况下会严重影响视距，船舶将使用必要手段进行瞭望，导致船员无法很好地利用船舶附近的物标和助航标识进行定位，大大增加了船舶的定位难度，尤其在进出港时严重威胁船舶航行安全。此外，由于能见度受限，船员仅仅能通过导助航设备获取周遭船舶动态，为判断船舶态势增加了困难。

（2）船舶操控性降低。在能见度不佳的水域航行时，船舶航速会大大降低，低速导致船舶舵效在一定程度上降低，变向性能降低，同时船舶抵抗风流致偏的能力大幅下降，船舶航程及航速推算的精度降低，推算船尾误差增大，增加了船舶靠近危险物航行的概率。

大型船舶在能见度不佳水域航行应注意以下几点。

（1）常规操作。准确测定本船船位，了解周围的船舶动态；在驶入能见度不佳水域时及时通知船长，必要时船长到驾驶台亲自指挥。开启两台雷达设备，打开航行灯，按照规定鸣放声号，采取安全航速。驾驶台通知机舱进行备车，使船舶随时保持机动性。如之前使用自动舵驾驶，应改为手动舵操作。为能利用一切手段协助瞭望，应该打开驾驶台侧门，驾驶台保持安静。

（2）加强正规瞭望。正规瞭望是保障船舶安全航行的有效手段，可以使驾驶员充分了解周围的情况，充分估计航行水域的危险因素，也是采取合理避碰措施的基础。在能见度不佳的水域航行时，更要较平时加强瞭望作业，加派经验丰富、业务能力和责任心强的瞭望人员。根据避碰规则的要求，利用一切能利用的手段进行全面的瞭望，包括使用听觉、视觉、雷达、自动识别系统（automatic identification system，AIS）等手段。通过瞭望获取周围船舶交通信息，并对是否有碰撞危险进行判别。在使用雷达进行瞭望时要考虑能见度不佳的特点，合理判断真假物标，同时使用合理的量程。一般而言，沿岸航行可以用 6~12 n mile 量程，进出港航道或者狭水道宜采取 2~6 n mile 量程。驾驶员也必须清楚，雷达尽管可作为瞭望的一种辅助手段，但不可代替目视瞭望，不可盲目依赖雷达。

（3）采用安全航速。碰撞事故的发生多数是因为没有采取安全航速航行，在能见度不佳的水域航行时安全航速显得更为重要。在避碰规则中对安全的航速的规定只是一个相对定性的概念，并无定量值。船舶驾驶员要结合现实情况，采用安全航速，该航速要保证船舶可以采取合理有效的避碰行动，同时在紧急情况下可以把船停住。确定安全航速时要考虑多个因素，包括所航行水域的船舶动态、水域的潮流特点，所进出港口规章制度、航道的障碍物情况，本船的操纵性能和设备情况等。安全航速与本船的停车冲程有关，冲程越大安全航速越小。安全航速的选取要在船舶操控性和较小的停船距离两个要素中取优。

（4）合理判断碰撞危险。碰撞危险的及时发现对减少碰撞事故有重要意义。在能见度不佳的水域航行要加强对可能出现的碰撞危险的评估和判断，一旦发现有碰撞危险应该及时根据情况采取行动。一般而言，当目标船的罗方位不发生明显变化时基本认定与本船存在碰撞危险。

（5）采取合理的避让行动。当判断出他船与本船存在碰撞危险时，船舶驾驶员要结合本船的操纵性能以及主机特点，根据避碰规则采取避让行动。在采取行动时要遵循"早、大、宽、清"的原则，还应该遵循以下几点。

①尽可能与他船保持较远的距离，在开阔水域要保持在 2 n mile 以上。

②对于他船位于本船正横或正横以前的情况，宜在 6 n mile 以外时采取避让行动；对于正横以后的来船，在距离本船 3 n mile 以前采取避让行动比较合适。

③在水域相对开阔的地方，转向往往是比较好的避让方法。当他船位于本船正横之前时，除处于追越态势外，本船应该避免对其采取向左转向的措施；对于正横或者正横的后来船，本船应该避免朝它们转向。

④在水域受限无法采取转向进行避让时，应及时采用减速方式进行避让。

⑤当本船听到他船雾号显示其在本船正横以前但无法确定是否有碰撞危险时，应果断将船舶降速，必要时把船停住，直到情况明了为止。

⑥在能见度受限时，船舶应该尽可能避免穿越渔船密集区域。如必须穿越，在与其进行避让时要更加主动，及时沟通。

（6）与港口方做好配合。在进出港时要严格遵守港口的相关规章制度，及时与港口船舶交通服务（vessel traffic service，VTS）进行联系，按照要求进行报告。船舶驾驶员应紧密配合引航员，听从引航员和船长的指挥。船长始终对船舶有最终的决定权，不可过度依赖引航员，引航员如有不合理操纵应该及时更正或者接管指挥权，保持与拖轮和港口有良好的协调沟通。

2. 风、浪、流

船舶在风、浪、流影响较大的水域航行时，船舶的航速、航向、冲程等要素会因外力的影响发生显著变化。当顺风、顺浪或顺流航行时，船舶的实际航速增大，船舶的停车、倒车冲程也随之增大；当顶风、顶浪或顶流航行时，情况正好相反；当船舶遇到横风、横流或斜顶浪时，会使船舶产生横移、纵横倾及左右摇摆，这时如果船速控制不当就会难以控制船舶的航向和船位，应采取适当的避让行动来避免碰撞。

1）风、浪对船舶航速的影响模型

现阶段对船舶失速的研究主要是采用实验法，主要有以下 4 种公式。

（1）James 在 1957 年提出了波浪对船舶航速影响的经验公式：

$$V = V_0 - k_1 h^2 (1 + \cos q) - k_2 h^2 - k_3 h (1 - \cos^2 q) + k^4 hq$$

式中：V 为船舶在波浪中的航速；V_0 为静水船速；k_i 为船舶性能系数，取决于船舶吨位和船型；q 为浪舷角；h 为浪高。

（2）1967 年苏联中央海运科学研究院提出了失速公式：

$$V = V_0 - (0.745h - 0.257qh) \cdot (1 - 1.35 \times 10^{-6} DV_0)$$

式中：D 为船舶实际排水量。该公式适用于 5000～25 000 t 排水量、9～20 kn 船速、不超过 5 m 浪高的船舶及航行情况。据研究，该公式在波高 0～5 m 情况下，船速误差在 1 kn 左右，但波高在 5～8 m，误差在 3 kn 左右。

（3）安德森失速公式：

$$100 \frac{\Delta V}{V} = \frac{m}{L} + n$$

式中：ΔV 为航速改变量；L 为两柱间长；m，n 为由航向和海况决定的系数，其取值如表 4.1 所示。

表 4.1 m 和 n 取值表

蒲氏风级	顶浪		首斜浪		横浪		顺浪	
	m	n	m	n	m	n	m	n
5	900	2	700	2	350	1	100	0
6	1300	6	1000	5	500	3	200	1
7	2100	11	1400	8	700	5	400	2
8	3600	8	2300	12	1000	7	700	3

注：顶浪范围为浪舷角右舷 30°，左舷 30°；首斜浪范围为浪舷角右舷（左舷）30°，右舷（左舷）60°；顺浪范围为浪舷角右舷 150°，左舷 150°；海况以蒲氏风级表示，浪高与风的关系近似于 12 届 ITTC 通过的公式：$U = 6.28\sqrt{h_{1/3}}$。式中：U 为风速，单位为 m/s；$h_{1/3}$ 为前三分之一有效波高

（4）国家海洋环境预报中心提出了非线性综合失速计算经验公式：

$$V = V_0 - (b_1 h + b_2 h^2 - b_3 qh) \cdot (G - b_4 DV_0)$$

式中：b_i 为船舶各种性能系数，其中 $b_1 = 0.745$，$b_2 = 0.050\,15$，$b_3 = 0.0045$，$b_4 = 1.35 \times 10^{-6}$；$G$ 为经验系数，其中 $G_1 = 1.0$，适用于 $D \leqslant 10\,000\,\text{t}$，$G_2 = 1.09$，适用于 $10\,000\,\text{t} < D \leqslant 20\,000\,\text{t}$；$G_3 = 1.19$，适用于 $20\,000\,\text{t} < D \leqslant 40\,000\,\text{t}$，$G_4 = 1.29$，适用于 $40\,000\,\text{t} < D \leqslant 60\,000\,\text{t}$。该公式适用的船舶范围为：排水量 5000～60 000 t，航速 8～18 kn，浪高 4～9 m。

2）海流对船舶航速的影响模型

海流是大量海水通过运动造成的，且部分运动具有周期性，因此部分海流具有固定的线路。造成海流的原因有很多，如风应力、潮汐力、地转引力等。按时间进行分类，海流有非定常流和定常流两种；按位置进行分类，海流有非均匀流和均匀流两种。

海流会随着地点和时间的不同而发生改变，其在垂直或水平方向上都是不均匀的，因此在构建海流模型时需要结合复杂的数学公式和物理理论才可以完成，现阶段的研究多假设海流的方向和大小不随地点和时间而发生改变。

为了方便建模和计算，本小节认为流速是稳定的，即假设海流是定常且均匀的。若海流为均匀流，船舶航行的速度一定，则海流对船舶不存在力的影响，在分析时仅仅需要考虑速度的矢量合成。海流对船舶航速的影响通过矢量合成进行分析，如图 4.1 所示，其中 V_g 为船舶对地航速，V_w 为船舶对水航速，V_c 为海流速度，它们之间满足如下关系：$V_g = V_w + V_c$。

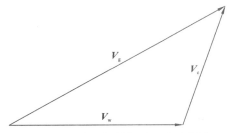

图 4.1　海流对船舶航速影响示意图

4.2.2　航道条件的影响

航道条件主要包括航道弯曲度、航道水深、可航宽度、航道中碍航物的分布及助航标志的设置情况等。当航道水深太浅时，浅水效应将使舵效变差，旋回直径增大；航道的可航宽度较窄、航道中又存在碍航物时，不仅给船舶的航行安全带来威胁，而且极大地限制了船舶在避让时的操纵。

4.2.3　船舶交通流的影响

船舶交通流对选择航速有很大的制约作用。当船舶所处水域船舶密度大时，船舶可航行的水域宽度就变窄，船舶在避让行动中的回旋余地变小，发生船舶间碰撞的概率大大增加。在这种情况下，必须控制船舶的速度，以便必要时及时将船停住。因此，船舶在油田密集区、港口、锚地、渔区等碍航物及船舶密度大的水域航行时，一定要控制航速，保持安全航速行驶。

船舶在航行过程中，船舶航速除考虑自身吃水和航路宽度外，还受前后船舶航速的影响。尤其对于超大型船舶，在深水航路航行过程中，严禁后船追越前船，此时后船的航速不得大于前船的航速。

4.3　船舶航速控制形式

1. 安全航速

这种规定要求船舶适当控制航速，以保证自身和周围其他船舶与设施的安全，是一种较为原则性的规定。《1972 年国际海上避碰规则》第六条规定：每一艘船舶在任何时候均应使用安全航速行驶，以便能采取适当而有效的避碰行为，并能在适合当时环境和情况的距离以内把船停住。

2. 限制航速

这种规定是给出允许航速的上限或下限，要求船舶不得以高于上限或低于下限的航速航行。例如：马六甲海峡对 VLCC 在拓滩航段、菲利普水道和新加坡海峡航行时规定航速不能大于 12 kn；我国天津港规定在主航道里程 18+000 以西最高限速 13 kn，以东最高限速 15 kn，船舶在主航道内正常航行时最低航速不得低于 5 kn，15 万 t 级以上的船舶满载进港速度不得超过 10 kn。

3. 减速规定

这种规定要求船舶在特定的情况下或驶经特定的地点时减速航行。例如美国洛杉矶港和长滩港主管机关规定船舶进入 VTS 覆盖区域时，航速要低于 12 kn。

第 **5** 章

超大型船舶通航安全间距

目前关于船舶航行时横向间距的研究较少，部分研究是根据线性兴波理论，采用数值计算方法，对高速双体船横向间距进行预估；对超大型船舶航行时的横向间距的研究目前还处于空白阶段。

对船舶纵向间距的研究最早出现在日本学者提出的船舶领域的研究中，该研究认为船舶领域与船速、密度和潮流等因素有关，大型船舶的船舶领域纵向距离应取 7 倍船长。英国学者对船舶领域做了进一步的研究，认为船舶领域与船长、海域类型和交通密度等因素有关，船长 300~400 m 的船舶领域船首部分为 1.2 n mile，船尾部分为 0.6 n mile。按照我国航海界的习惯，船舶纵向间距一般保持在 2 n mile，对于超大型船舶应适当增加至 2.5 n mile。但是这些研究都没有根据船舶的实际航速进行定量计算，而国内许多学者开展的船舶纵向间距计算研究主要集中在内河。

5.1　横向安全间距

5.1.1　船间水动力干扰基本特征

当两船靠近航行时，船间水动力干扰作用的存在，会使对方船偏离其航线和产生转头。这种相互作用一般具有如下特征。

（1）两船的接近距离越小，则相互作用越大。一般当距离小于两船船长之和时，就会直接产生这种相互作用；当距离为其 1/2 时则相互作用急剧增加，有引起接触和碰撞的危险。

（2）双方航向相同时的相互作用影响比航向相反时大。双方航向相反时相互影响的时间极短，其结果是要么相互作用还没发生双方就已驶过，要么相互作用力消失得很快。但双方处于同航向的追越关系时，其经过的时间较长，因而受到相互作用力的时间也长，发生的影响也就更大。

（3）航行速度越快，则相互作用越大。速度越快则船侧的压力变化越大，兴波也越激烈，相互作用也越大。而且，双方速度差越小，则相互作用力的持续时间也越长，越容易使他船受到影响。

（4）在大小不同的两船之间，小尺度船舶受到相互作用的影响更大。受到他船的作用，小尺度船舶吃水浅，偏离航线和航向的可能性很大，而且对方船越大这种相互作用就越激烈。大小相等的两船以平行航向接近并追越时的追越过程和相互作用的关系示意图如图 5.1 所示。

5.1.2　超大型船舶船间水动力干扰通用模型

基于船舶在浅水水域航行中，两船之间在会遇或追越时存在水动力干扰现象，本小节依据超大型船舶船-船干扰程度，建立超大型船舶船间水动力干扰通用模型，进而界定超大型船舶在会遇或追越过程中应保持的横向安全间距。

通过超大型船舶船间干扰缩尺船模试验，采用回归分析建立船间水动力干扰通用模型，以简化船间干扰的计算量，回归得到的超大型船舶船间水动力干扰通用方程如下。

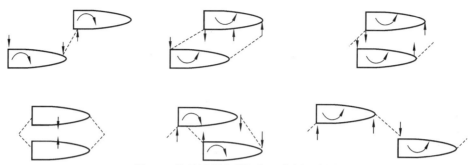

图 5.1　追越过程中船间相互作用示意图

对遇时横向船间干扰力回归方程：

$$F_y = \frac{0.168}{\dfrac{S_P}{L}}\left[0.89\sin\left(4.7\frac{S_T}{L}-1.72\right)+1.02\sin\left(2.24\frac{S_T}{L}-1.9\right)\right]$$

对遇时横向干扰力矩回归方程（$S_P/L=0.17$）：

$$N = 0.05\sin\left(3.09\frac{S_T}{L}-1.75\right)+0.12\sin\left(4.75\frac{S_T}{L}-0.21\right)$$

$$+0.06\sin\left(9.86\frac{S_T}{L}-3.08\right)$$

追越时被追越船所受横向船间干扰力：

$$F_y = \left[3\left(\frac{S_P}{L}\right)^2-4\frac{S_P}{L}+1.6\right]\cdot$$

$$\left[0.5\sin\left(4.31\frac{S_T}{L}+1.54\right)+0.49\sin\left(1.98\frac{S_T}{L}+1.19\right)+0.19\sin\left(9.35\frac{S_T}{L}-1.05\right)\right]$$

追越时追越船所受横向船间干扰力：

$$F_y = \left[11\left(\frac{S_P}{L}\right)^2-9\frac{S_P}{L}+2.2\right]\cdot$$

$$\left[0.14\sin\left(0.31\frac{S_T}{L}+2.1\right)+0.05\sin\left(4.5\frac{S_T}{L}+1.58\right)+0.15\sin\left(2.39\frac{S_T}{L}+2.24\right)\right]$$

追越时被追越船所受船间干扰转船力矩：

$$N = \frac{0.166}{\dfrac{S_P}{L}}\left[0.13\sin\left(5.08\frac{S_T}{L}-0.38\right)+0.19\sin\left(2.8\frac{S_T}{L}-0.72\right)\right.$$

$$\left.+0.99\sin\left(0.04\frac{S_T}{L}-0.06\right)+0.05\sin\left(10.1\frac{S_T}{L}-2.53\right)\right]$$

追越时追越船所受船间干扰转船力矩：

$$N = \left[5.3\left(\frac{S_P}{L}\right)^2-5.6\frac{S_P}{L}+1.8\right]\cdot$$

$$\left[0.15\sin\left(1.2\frac{S_T}{L}-2.1\right)+0.1\sin\left(3.86\frac{S_T}{L}-2.45\right)\right]$$

式中：F_y 为横向船间干扰力；S_P 为船舶横向间距；S_T 为船舶纵向间距；L 为船长。

5.2　纵向安全间距

船舶航行纵向安全间距的确定，主要考虑两船在同一航路上行驶，当前船采取制动措施或其他原因使船舶制动后，后船是否来不及停船以致与前船发生碰撞的情形，这种情形主要与船舶的停车冲程和倒车冲程有关。

5.2.1　船舶停车冲程

船舶以一定常速度（全速或半速）行驶中采取停车措施后，直至降到某一余速（2～4 kn）前的变速运动称为船舶停车变速运动。

主机停车后，推力急剧下降到零。开始时，船速较高，阻力也大，速度降低很快；但当速度减小后，阻力也随之减小，速度降低越来越慢，船很难完全停止下来，且船速在水中很难判断。因此，通常以船速降至维持舵效的最小速度作为计算停车所需时间和船舶航进路程的标准。

船舶停车后船舶航进路程称为停车冲程。计算停车冲程可采用 Topley 船长提出的经验估算式：

$$S = 0.024C \times V_0$$

式中：S 为船舶停车冲程，n mile；V_0 为船舶停车时初速，kn；C 为船速减半时间常数，min，C 值随船舶排水量变化而变化，见表 5.1。

表 5.1　船速减半时间常数与排水量的关系

排水量/t	C/min	排水量/t	C/min	排水量/t	C/min
1000	1	约 36 000	8	约 120 000	15
约 3000	3	约 45 000	9	约 136 000	16
约 6000	3	约 55 000	10	约 152 000	17
10 000	4	约 66 000	11	约 171 000	18
约 15 000	5	约 78 000	12	约 190 000	19
约 21 000	6	约 91 000	13	约 210 000	20
约 28 000	7	约 105 000	14		

5.2.2　船舶倒车冲程

全速前进的船舶在进行紧急制动时，为不致造成主机转动部件出现应力过大的情况，在关闭主机油门后，通常要等航速降至全速的 60%～70%，转速降至额定转速的

25%～35%时，方可将压缩空气持续充入汽缸使主机停转，然后进行反向起动。

紧急停船距离经验估算法为

$$S = \frac{1}{2}\frac{Wk_x}{gT_p}V_0^2$$

式中：S 为倒车冲程；g 为重力加速度；W 为船舶排水量；k_x 为船舶前进方向虚质量系数，VLCC 或肥大型船舶可取 1.07；T_p 为螺旋桨倒车拉力，估算时可用后退倒车功率来估算；V_0 为船舶倒车时船速。

5.2.3　船舶纵向安全间距模型

假设两艘船舶一前一后在同一航道上同向航行，可根据交通流跟驰理论来确定船舶的纵向安全间距。交通流跟驰理论示意图如图 5.4 所示，其中前 1 和后 1 分别为前船和后船的初始位置，后 2 为后船开始采取制动的位置，前 2 和后 3 分别为前船和后船完成制动时的位置。

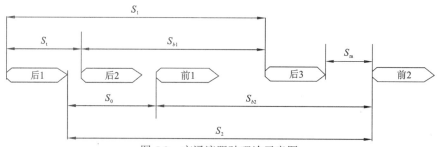

图 5.2　交通流跟驰理论示意图

以前船开始制动为参考时刻，前船完成制动时与后船初始位置的距离 S_2 为

$$S_2 = S_0 + S_{b2}$$

式中：S_{b2} 为前船的制动距离；S_0 为纵向安全间距。

对后船而言，从发现前方态势到发出命令再到主机动作这段时间内，后船行驶反应距离为 S_t，后船开始制动后行驶距离为 S_{b1}，故后船移动距离 S_1 为

$$S_1 = S_t + S_{b1}$$

式中：$S_t = Vt$，V 为前船制动时后船的速度，t 为后船反应时间，包括驾驶员对前船制动的反应时间和动作时间。

在两船先后完成制动时，两船的距离应大于安全余量 S_m，即 $S_2 - S_1 \geqslant S_m$，整理可得船舶纵向安全间距模型为

$$S_0 \geqslant S_{b1} + S_t + S_m - S_{b2}$$

式中：S_0 为纵向安全间距；S_{b1} 为后船开始制动距离；S_t 为发现前方态势到发出命令再到主机动作时间内，后船行驶反应距离；S_m 为在两船先后完成制动时，两船的距离应保持的安全余量；S_{b2} 为前船的制动距离。

5.3 航行净空高度

5.3.1 各类船舶水线以上最大高度

1. 集装箱船

自集装箱船问世以来，其大型化的步伐就从未停滞。从 20 世纪 60～90 年代，集装箱船平均载箱量从 1000 TEU 稳步发展至 5000 TEU。20 世纪末和 21 世纪初，随着运输需求的进一步增长，船舶大型化进程进一步加快。同时，造船技术和装卸设备升级改造，码头设施和航道条件不断改善，也为集装箱船的大型化创造了有利条件。1996 年集装箱船从 5000 TEU 级发展到 7000 TEU 级，2006 年发展到 9500 TEU 级，2013 年增加到 1.8 万 TEU 级，如今中远海运、达飞和现代商船等世界著名航运企业的 2.2 万 TEU 集装箱船已相继投入运营。

集装箱大型化的步伐仍然不会停滞。一方面，造船和建港技术的发展为大型集装箱船的运营创造了条件。为在市场竞争中取得优势地位，大型班轮公司或班轮公司联盟希望通过大型集装箱船降低运营成本，工程技术发展、市场竞合和运输经济性等因素将有效推动集装箱船大型化，未来集装箱船进一步大型化仍存在发展空间。另一方面，集装箱船进一步大型化仍需考虑诸多非技术性因素，如主要航线通航限制条件，主要集装箱枢纽港航道、港口条件，运输链风险、公共政策等。集装箱船吃水及水线以上高度变化曲线如图 5.3 所示。

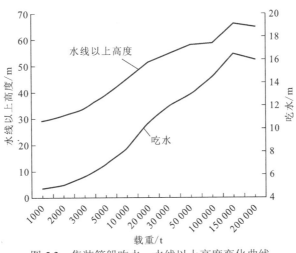

图 5.3 集装箱船吃水、水线以上高度变化曲线

未来集装箱船继续在垂直方向上的尺度增长空间有限，船舶的总高、吃水、水线以上高度等增长余地不大。船舶进一步大型化主尺度的提升主要体现在水平方向上，即船舶的长度和宽度。预测未来集装箱船载箱量有可能达到 30 000 TEU，总长为 530～550 m，宽度为 65～70 m，结构吃水为 16～18 m，总高为 74.2～78.2 m，水线以上高度为 66.2～69.2 m。

2. 邮轮

伴随世界邮轮旅游需求的迅速发展，20 世纪 60 年代发展之初的中小型邮轮已不能适应市场需要。为追求规模经济效益最大化，邮轮公司纷纷加大对超大型邮轮的投入力度，从而带动全球邮轮平均运力和平均客位迅速提升，现代邮轮不断朝着大型化的方向发展。1960 年邮轮平均吨位仅为 5349 总吨，50 多年后，平均吨位已上升至 5.1 万总吨（图 5.4）。

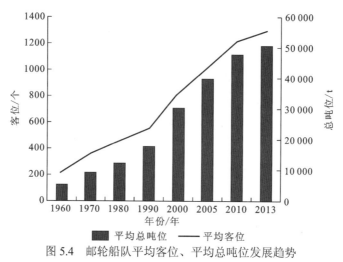

图 5.4　邮轮船队平均客位、平均总吨位发展趋势

一方面，未来国际邮轮市场仍将保持较快发展，随着市场规模的不断发展，在需求规模大的精品航线上，运营邮轮存在进一步大型化的可能性；另一方面，受相关港口设施、主要航线通航条件等的制约，未来邮轮的规模及高度增大也会受到一定的限制。

3. 油船

世界油船的规模和船舶吨级伴随着世界石油海运量的增长不断向大型化发展。20 世纪 90 年代，由于 VLCC 等大型、超大型油船数量的增多，全球油船的平均吨位迅速由 2 万 t 增加到 6.2 万 t，目前已达到 8.4 万 t。油船的发展以 VLCC 为代表，经历了一个逐步走向大型化，再趋于稳定的发展趋势。自 1966 年第一艘 20 万载重吨 VLCC 出现以来，VLCC 建造由最初集中于 24 万 t 左右，发展到现在集中于 30 万 t 左右。苏伊士运河封闭期间，也出现了载重吨超高 40 万 t 的 ULCC。1975 年随着苏伊士运河重新开放，超级油船、巨型油船在经济性方面不再占优势，并在营运上受到港口、航道尺度的限制，油船单船的大型化在世界范围内也很难再有突破。

根据油船代表船型高度变化曲线（图 5.5），随着油船船型的不断增大，其空载水线以上高度增大幅度不大，油船空载水线以上高度从 10 多万 t 的 45 m 增加到 30 多万 t 的 60 m，再到 40 多万 t 的 62 m，高度增长幅度不大。在运营经济性和可维护性等方面，20 万～32 万 t 左右的油船（VLCC）是国际原油运输市场最合适的船型，油船大型化或被终止，60 m 左右的水线以上净高对未来的油船应是足够的。

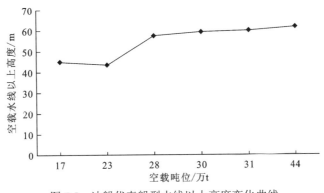

图 5.5　油船代表船型水线以上高度变化曲线

4. 散货船

继 20 世纪的运煤专用船之后，20 世纪初出现了铁矿石专用运输船。随后，粮食、水泥、化肥、木片、糖等也相继采用散装运输方式，散货船应用范围和船队规模快速扩大。散货船代表船型可分为 5 大类：1 万～4 万 t 小灵便型；4 万～6 万 t 大灵便型；6 万～10 万 t 巴拿马型；10 万～25 万 t 海岬型（好望角型）；2 万 t 以上超大型散货船。随着全球散货贸易的不断发展，好望角型船和巴拿马型船在各种船型中的比例不断提高，散货船越来越趋向于大型化。进入 21 世纪后，全球干散货船队平均吨位快速增长。尤其是最近几年，我国经济发展迅速，对钢铁的需求不断增加，铁矿石进口也随之激增，其他新兴国家对铁矿石的进口需求也日益增多，极大地刺激了干散货船和超大型矿砂船的发展。我国作为全球铁矿石进口量最大的国家，相继开发了 23 万 t 级、32 万 t 级、36 万 t 级和 40 万 t 级矿砂船系列船型。

根据散货船代表船型水线以上高度变化曲线（图 5.6），随着散货船船型的不断增大，其空载水线以上高度增大幅度不大，散货船空载水线以上高度从几万吨的 39 m 增加到 20 余万吨的 60 m 后，高度基本稳定。预测在未来很长一段时间内散货船的水线以上高度上限将维持在 60 m 左右。

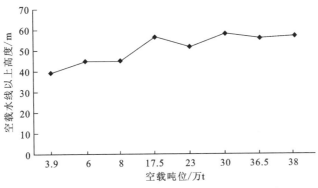

图 5.6　散货船代表船型水线以上高度变化曲线

5.3.2　净空高度影响因素

为了确保船舶的通航安全，准确地计算安全余量、确定通过桥梁的净空高度十分重要。安全余量值所考虑的各项因素主要有常规因素、海面上升和地面沉降。海面上升部分，是出于对近百年来全球变暖导致的平均海面有上升趋势的考虑。地面沉降属个别地区需要考虑的因素。常规因素主要包括以下4个主要方面：①船舶越大、波浪越高，船舶过支架时航行条件越差，要求的安全高度越高；②水流及波浪引起的船舶纵摇和垂荡会使船舶水线以上高度产生较大的变化；③计量误差；④水位观测、预报和气象增水的预报存在误差。

5.3.3　净空高度计算模型

根据《海轮航道通航标准》，桥梁通航净空高度指跨越航道桥梁的通航孔通航范围内满足通航要求的桥梁最低点至设计最高通航水位间的垂直距离（图5.7）。桥梁通航净空高度为代表船型水线以上高度与富余高度之和：

$$H_{vc} = H_{st} + ADC_1 + ADC_2$$

式中：H_{st} 为船舶水线以上高度，采用结构吃水的50%计算；ADC_1 为通航富余高度，在通航海轮的内河水域或有掩护作用的海域取 2 m，在波浪较大的开敞海域，且建在重要航道上取 4 m；ADC_2 为海平面上升富余高度，当桥梁所在地区的平均海面有上升趋势时，其上升的量应另外计入富余高度。平均海面上升的预测年限不应少于 50 年。

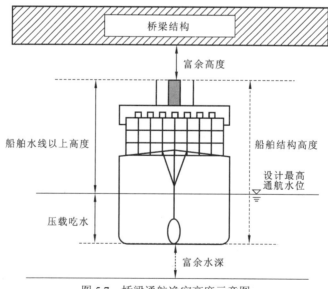

图 5.7　桥梁通航净空高度示意图

第 **6** 章

超大型船舶靠离泊及锚泊操纵

6.1 靠离泊操纵

6.1.1 码头及泊位特点

随着船舶大型化的发展，港口、码头大型化的趋势也较为明显。其中，开敞式的布局方式是大型码头的优先选择，特别是 VLCC 泊位和 LNG 泊位[1]。

目前，码头的类型有固定和离岸两种形式，固定码头靠近岸边，而离岸码头包括单点或多点系泊、孤岛码头等。

从码头泊位布局来看，大型码头较为常见的平面布局分为"一字形"和"蝶形"两类，结构形式如图 6.1 和图 6.2 所示。

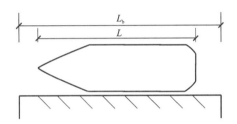

图 6.1 "一字形"码头结构示意图

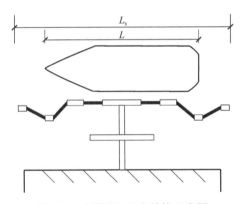

图 6.2 "蝶形"码头结构示意图

"一字形"码头属于"蝶形"码头的一种形式，不同之处在于"蝶形"码头前后缆墩的位置有所变化，较"一字形"码头相对靠后，与横缆墩在一条直线上，这种形式在开敞式油品码头中屡见不鲜[2]。大型码头多采用"蝶形"码头结构的原因主要有两个：一是系缆墩后移的布局方式增加了船舶系泊时横缆的长度，解决了船舶系泊时由横缆长度不足导致的缆绳张力较大的问题，最大限度地保障船舶的系泊安全；二是输油管道管线可接入码头的一侧，靠近码头的位置使用撑杆式板梁-梁桁构成的栈桥为主，这样不仅可以节省整个工程的投资，而且通过透水式高桩码头还可以实现对水流的疏导，避免码头前沿流态紊乱。

此外,为了满足油轮的大型化需要,单点系泊(single point mooring)和多点系泊(multi point mooring)也是常见的系泊方式,尤其是在外海的油田作业区[3]。考虑大型采油平台设施的作业特点,油轮在提油作业时多采用单点系泊和多点系泊的方式。

6.1.2 操纵特点及靠离泊操作要领

1. 超大型船舶船型特征

(1)长宽比:船舶长宽比是反应船舶操纵性能的一个重要的船型参数。长宽比越大,船舶的回转性越差,而航向稳定性越好,一般油轮的长宽比都接近或略大于6.0,而VLCC长宽比通常小于6.0,如现在的30万t级双壳油轮仅为5.5。

(2)方形系数:VLCC方形系数多大于0.8,船型肥大。

(3)舵面积比:VLCC由于船型肥胖而易于旋回,故其舵面积比设计得较小,一般为1/70。

(4)单位载重吨分配的主机功率:大型船舶单位载重吨分配的主机功率都较小,一般10万t级船舶约为0.12 kW/t,20万t级约为0.10 kW/t,30万t级则小到0.07 kW/t。

2. 超大型船舶操纵特性

(1)舵效差,反应迟钝,维持舵效的最低航速需4 kn以上。
(2)追随性差、航向稳定性差,保向性差。
(3)旋回性好,旋回直径虽大,但其旋回直径与船长比较小。
(4)启动、停车惯性大,表现为变速操纵较为迟缓,停船开始时速度下降较明显,到后期变化不大,停船性能较差,紧急停车性能下降。部分油轮停车、倒车惯性实船试验数据如表6.1和表6.2所示。

表 6.1 部分油轮停车惯性实船试验数据

船型	载重量/t	初始速度/kn	吃水/m	速度降至5 kn的时间/s	惯性前进距离/m
中型油轮	45 800	13.5	12.0	600	2407
巴拿马型	74 000	15	12.5	945	4083
阿芙拉型	80 000	14.7	12	820	3000
苏伊士型	180 000	15	18	955	5920
超大型油轮	266 000	15.5	19.98	1530	7212
	299 000	11.8	20.88	1108	4180

表 6.2　部分油轮倒车惯性实船试验数据

船型	载重量/t	初始速度/kn	吃水/m	发令至倒车开出的时间/s	船停距离/m	倒车时间/s
中型油轮	45 800	13.5	12	295	2278	656
巴拿马型	74 000	15	12.5	550	3485	894
阿芙拉型	80 000	14.7	12	510	3204	990
苏伊士型	180 000	15	18	227	3560	845
超大型油轮	266 000	15.5	19.98	229	4260	1110
	299 000	15	20.88	297	4850(至船速 5 kn)	917(至船速 5 kn)

（5）转向惯性大，操纵时需施大舵角、施大压舵角、早施舵、早回舵。

（6）船体下沉量较大。VLCC 由于吃水较大，一旦进入受限水域，受水深影响，下沉量将显著增加。当船舶重载航行于海峡或狭水道，在考虑富余水深时应注意船体的下沉量，特别是船舶以全速航行时更应参照下沉量表计算应有的富余水深。当富余水深小于 20%船舶吃水时，主机很难开出全速，而且负荷变化较大。船体下沉量与船舶的方形系数和船速有关，在浅水区与水深也有关系。此外，由于 VLCC 为宽体肥大型船，航行中表现为船首下沉。

（7）在浅水、狭水道等受限水域中航行时浅水效应、岸壁效应更为明显。当船舶进入浅水区域航行时，受水深的限制，船体周围的流速比在深水中大，船体表面静水压下降，船体下沉量显著增加。当船体下沉时，船底下的水流已变为不规则，这往往会产生较大的转船力矩作用于船体，从而使船产生预料不到的转首运动。由于 VLCC 船体肥大，浅水效应更为明显。当富余水深小于 50%船舶吃水时，对主机的负荷和船舶的操纵性有较明显的影响；当富余水深小于 20%船舶吃水时，主机很难开出全速，而且负荷变化较大，船速下降明显，船舶应舵很慢。

3. 超大型船舶靠泊操纵要领

超大型船舶大都采取顶流靠泊，速度一般较慢。船舶空载时受风影响较大，而重载则主要受流的影响，同时还有浅水效应与岸壁效应的影响，因此船舶受力情况比较复杂。船舶驾引人员需根据船舶实际操纵性能，结合当时靠泊的具体条件，制定周密的靠泊计划，巧妙而灵活地运用车、舵、锚、缆及拖轮等操纵工具，进而准确地控制船舶运动和摆位情况，完成安全靠泊的任务[4]。

1）靠泊前准备

在进行超大型船舶靠泊操纵前，首先要精心阅读有关的"航路指南""进港指南"等航路和港口资料，并对港口的有关规定，航道水深条件，VHF 的使用，码头的方向、长短、泊位的水深，拖轮使用情况，引水的登船地点及时间等有清晰明确的了解，做到心中有数[5]。港口及航道内的风、流等因素受地域、地形的制约，其具体情况与外海有很大的不同，码头边的情况也经常多变，因此必须对航道的风、流影响，码头的具体条件及富余水深，航道的导航目标，定位手段，航海危险物及码头船舶的密度情况予以充分地了解和掌握。根据上述条件，结合本船载况、操纵性能，甚至包括在操纵中可能遇到的困难及相应需采取的对策，制定一个完整的靠泊操纵计划[6]。

2）控制余速接近泊位

根据众多经验和模拟试验，靠泊的成功与否，关键是控制余速，只要余速控制好，即使机器出现意想不到的故障，也有时间采取应急措施，反之则无法控制[7]。一般情况下，按下列参考数据控制余速将被认为是可行的。

（1）距泊位前约 2 n mile 处时，余速应控制在 4 kn。

（2）距泊位前约 1 n mile 处时，余速应控制在 2 kn。

（3）距泊位约一个船长处时，余速应控制在 1 kn 以下。

因此，船舶在进入港外航道后，即应降为半速航行。

超大型船舶在进入港外航道后，不论前进或制动，一般需要依靠拖轮，需要视情况各带好一艘或两艘拖轮，进行牵引或制动。一般而言，超大型船舶靠泊、离泊作业拖轮需按照相关规定、要求配备[8]。

应根据泊位前距离与理想的余速，结合潮情等参数预算何时到达何处，预先在海图上标明或在笔记上做好记录，随时观察是否按计划的余速航行，如速度过快，要随时指挥拖轮进行控制。

在向泊位接近过程中，力求船身与泊位平行。尽量在距泊位还有 2～3 倍船宽时，把船身调整到与泊位平行。

船体位置调整好后，用 2～3 艘拖轮在外顶推，使船缓慢平行靠拢，靠泊速度要控制在 5 cm/s 以下（根据试验，若靠泊速度货船大于 15 cm/s、大型油轮大于 10 cm/s，可能使码头或船体受损）。

船体推至距泊位一个船宽时，前后拖轮停车，做好倒车准备，如靠拢速度大于 5 cm/s，前后拖轮倒车，控制入泊速度，适时停车、带缆。一般超大型船舶前后缆绳各系约 20 根。超大型船舶除非紧急情况外，一般不宜用锚制动。

4. 离泊操纵要领

与靠泊相比较，超大型船舶离泊操纵较容易些。离泊前，必须根据码头朝向、可适用水域的大小、风流方向、高低潮时间、船舶吃水、船长、船宽、载荷情况、主机马力及类型、需要几艘拖轮协助等，做出周密的离泊操纵计划。

一般要选择开流时离泊。在整个离泊操纵中，指挥协调拖轮及解缆工作是一项至关重要的工作。一般情况下，使用 3 艘拖轮即可，在风大、流急的情况下，可适当增加 1～2 艘拖轮协助操纵，以确保安全[9]。

6.1.3　靠离泊拖轮配置方案

超大型船舶由于操纵上存在转向、降速慢等特殊性，在靠离泊过程中，需要克服风、流的作用力来控制船位。因此需要合理地配备拖轮的数量，并保证拖轮的功率有一定的富余，才能确保整个靠离泊过程的安全。协助船舶操纵所必需的拖轮的数量和马力总数是根据船舶的大小、水域条件等来确定的。本船在做横向移动时，受到相反方向的风、流作用仍能具有必要的移动速度使船移动，据此可得出能够提供所需协助力的拖轮数量和拖轮马力。通过分析船舶所受外力的情况，综合波浪对拖轮的影响和拖轮的协助等因素，可得出超大型船舶拖轮配备的方案[10]。

1. 船舶所受风、流作用力计算方法

船舶在靠离泊的过程中，船体水线面以上将受到风作用力的影响，水线面之龙骨部分将受到流作用力的影响。

作用于船舶上的横向风压分力和纵向风压分力公式为

$$F_{xw} = 73.6 \times 10^{-5} A_{xw} V_x^2 \zeta$$
$$F_{yw} = 49.0 \times 10^{-5} A_{yw} V_y^2 \zeta \tag{6.1}$$

式中：F_{xw} 为作用于船舶上的横向风压分力；F_{yw} 为作用于船舶上的纵向风压分力；A_x 为船体水面以上横向受风面积；A_y 为船体水面以上纵向受风面积；V_x 为设计风速的横向分量；V_y 为设计风速的纵向分量；ζ 为风压不均匀折减系数。

水流对船舶作用产生的水流力横向分力和纵向分力计算公式为

$$F_{xc} = C_{xc} \frac{\rho}{2} V^2 A_{yc}$$
$$F_{yc} = C_{yc} \frac{\rho}{2} V^2 A_{xc} \tag{6.2}$$

式中：F_{xc} 为水流对船舶作用产生的水流横向分力；F_{yc} 为水流对船舶作用产生的水流纵向分力；C_{xc} 为水流横向分力系数；C_{yc} 为水流纵向分力系数；ρ 为海水密度；V 为水流速度；A_{xc} 为相应装载情况下的船舶水下部分垂直水流方向的投影面积；A_{yc} 为相应装载情况下的船舶水下部分平行水流方向的投影面积。

2. 超大型船舶操纵要点试验计算公式

计算风压力时常采用以下公式：

$$R_a = \frac{1}{2} \rho_a C_{R_a} V_a^2 (A \cos^2 \theta + B \sin^2 \theta) \tag{6.3}$$

式中：R_a 为风压力；ρ_a 为空气密度，一般取 $0.125\,\mathrm{kg \cdot s^2/m^4}$；$C_{R_a}$ 为风压系数；V_a 为相对风速；θ 为相对风向；A 为水线面上船体的正视投影面积；B 为水线面上船体的侧视投影面积。

计算流压力公式为

$$R_w = \frac{1}{2} \rho_w C_{R_w} V_w^2 L d \tag{6.4}$$

式中：R_w 为流压力；ρ_w 为水密度，一般海水取 $104.5\,\mathrm{kg \cdot s^2/m^4}$，淡水取 $101.8\,\mathrm{kg \cdot s^2/m^4}$；$C_{R_w}$ 为流压系数；L 为船长；d 为平均吃水；V_w 为相对流速。

3. 拖轮作用力与影响因素

拖轮作用力的大小不但与拖轮的类型和功率有关，还与拖轮作业过程中风、浪等外部条件的影响有关。由于类型的不同，拖轮在拉与推时所施加的拖力和推力也不同。此外，波浪的影响同样会降低拖轮的作用力。

1）拖轮作用力与制动效果分析

拖轮的推力与拖轮的类型有关，各种类型的拖轮每 100 kW 功率发出的拖力如表 6.3 所示。

表 6.3　各种类型的拖轮每 100 kW 功率发出的拖力

类型	拖力/kN	
	进车	倒车
可变螺距推进器拖轮	17.6	9.50
平旋推进器拖轮	12.7	11.2
传动推进器拖轮	20.0	18.2

2）波浪对拖轮作用力的影响

港口附近水域短周期、小波长的波浪特性会造成拖船的纵摇、横摇和垂荡运动。这种运动不但影响拖船的姿态，而且还会影响拖船最大拖力或推力的发挥。日本某研究会对传动推进器拖船的调查和船模试验研究资料显示，不同波高对拖船拖力（推力）的影响不尽相同，具体如表 6.4 所示。

表 6.4　不同波高对拖船拖力（推力）的影响

协助方式	有义波高			
	0.5	1.0	1.5	2.0
拖带-拖力	基本无影响	80	50	40
顶推-推力	基本无影响	80	60	50

6.2　锚泊操纵

6.2.1　锚泊作业特点

超大型船舶具有排水量大、惯性大、锚及锚链较一般船舶更重等特点，在采用重力抛锚法进行抛锚作业时具有更高的风险性，因此对在抛锚过程中的刹车操作及速度控制提出了更高的要求[11]。此外，超大型船舶空载受风、流影响明显，低速下操纵较为困难，浅水效应较为显著等特点，进一步增加了锚泊作业的难度。

6.2.2 锚地、锚位选择

超大型船舶在选择锚地时需注意以下影响因素[12]。

（1）选择较为开阔的水域，为船舶的进出操作留有安全余量，在抛锚作业及锚泊过程中，注意同锚地其他船舶保持安全距离，一般来说两船应至少保持 1 n mile 以上的安全距离。

（2）锚地水深要满足抛锚需求，船底需保留充足的富余水深，同时还需考虑大风浪天气下船舶横摇造成的吃水增加，吃水增加量可按照式（6.5）估算。

$$\Delta d = (B \times \sin \theta) / 2 \tag{6.5}$$

式中：Δd 为吃水增加量，cm；B 为船宽，m；θ 为横摇角度，（°）。

（3）选择底质条件优良的锚地抛锚，泥沙底质最好，泥底、沙底次之，避免在岩石底质的水域下锚。

（4）提前熟悉锚地风、流条件，时刻掌握周围船舶动态。

（5）估算锚泊系留力，基本计算公式为

$$p = \lambda_a w_a + \lambda_c w_c L \tag{6.6}$$

式中：p 为系留力，即锚抓力与锚链摩擦力之和；w_a 为锚在水中的质量，约为锚在空气中质量的 0.876 倍；w_c 为锚链每米长在水中的重量；L 为锚链卧底部分长度；λ_a、λ_c 分别为锚的抓力系数和锚链的摩擦系数，按表 6.5 选取（以霍尔锚为例）。

表 6.5　霍尔锚锚抓力系数、锚链摩擦系数表

系数	底质						
	软泥	硬泥	砂泥	砂	砂贝壳	砂砾	小块石
λ_a	10	9	8	7	7	6	5
λ_c	3	2	2	2	2	1.5	1.5

（6）选定锚地水深及适当的出链长度。在开敞水域，安全的水深是低潮时 1.5 倍吃水+2/3 最大浪高。安全的出链长度可用式（6.7）估算：

$$L = 1.25\sqrt{cd} \tag{6.7}$$

式中：L 为出链长度；cd 为海图水深。

6.2.3 锚泊操纵方法

1. 进入锚地及抛锚前的准备

在抵达锚地前应提前了解锚地的风、流情况，船舶密度情况等环境信息，以及锚地其他船舶状态，划定驶入锚地航线，最好在顶风、顶流条件下到达锚位，在航行过程中避免从锚地中其他锚泊船舶船尾经过。因超大型船舶的运动惯性大，停车后降速缓慢，淌航距离长，停船时间长，锚泊作业中还需合理控制航速。以下方案可以参考：在距离锚地 15～20 n mile 时，开始进行备车操作，大概半小时后航速降为港内全速；在距离锚地 7～8 n mile 时将航速降至 8～9 kn；距离 4 n mile 时，将航速降至 6 kn 左右，距离 2 n mile 降为空车低速，使航速逐渐降至 4 kn 以下；距离 1 n mile 时停车，控制余速为 1 kn 左右，视情况短暂用车保持舵效，驶向预定锚位；满载状态下，可提前用车降低航速。

2. 超大型船舶锚泊作业中的抛锚方法

对于超大型船舶来说，一般锚及锚链较普通船舶更大更重，若采取普通抛锚法易因抛锚过程中对海底的强大冲击力造成锚及锚链的损伤。因此一般超大型船舶多采用深水抛锚法：在水深大于 25 m 时，先由驾引人员操纵船舶抵达目标锚地，将船速降至 2 kn 左右，之后用锚机把锚链送到水下 5～10 m，抵达预定锚泊地点后，使用刹车并采用普通抛锚法进行锚泊。

6.2.4 抛锚运动模型

1. 抛锚运动过程

1）应急抛锚运动过程

根据航海操作习惯，船舶在紧急情况下可能采用应急抛锚的方式进行船舶控速等，应急抛锚运动过程如图 6.3 所示。应急抛锚时，直接将锚从锚链孔丢下，锚在水中经加速之后最终触底并冲击进入泥土。

2）锚地常规抛锚运动过程

船舶在锚地等水域采用常规抛锚的方式，常规抛锚运动过程如图 6.4 所示。常规抛锚时，先通过锚机将锚从锚链孔慢慢送至水底一定位置，再让锚近似自由落体扎入底质。因此，与应急抛锚不同，常规抛锚时，由于受锚机控制，船锚在水中有一段距离（δh）是不进行加速运动的。

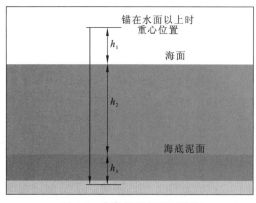

图 6.3　应急抛锚行程示意图

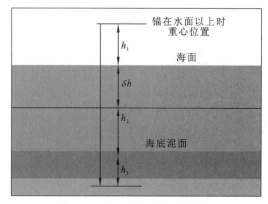

图 6.4　常规抛锚行程示意图

2. 抛锚贯穿量理论计算模型

1）船锚在海水中的力学分析

无论是应急抛锚还是常规抛锚，锚在水中的运动过程受力分析是类似的，主要的区别在于常规抛锚加速高度 h_2 比应急抛锚时小。因此，在锚在海水中的力学分析中，不区分应急抛锚和常规抛锚。锚在水中受重力 mg、浮力 B 及流体阻力 f 作用。

（1）锚在空气中下降到水面高度 h_1，则有

$$v = \sqrt{2gh_1} \tag{6.8}$$

（2）锚在下落的整个运动过程，满足运动方程：

$$mg - B - f = m \cdot \mathrm{d}v/\mathrm{d}t \tag{6.9}$$

式中：B 为浮力，$B = \rho_w V_a g = \rho_w mg / \rho_a$；$f$ 为流体阻力，船锚在水中下落符合低雷诺条件，有 $f = kv = 6\pi\eta rv$，r 为船锚等效半径，锚近似为球体的等效半径 $r = \sqrt[3]{3V/4\pi}$，η 为水的黏滞系数，v 为锚在水中的运动速度。

（3）正常条件下（1 个大气压，温度 20℃），令 $K = \dfrac{mg - B}{k}$，则 $\displaystyle\int_{v_0}^{v} \dfrac{\mathrm{d}v}{v - K} = \int_{0}^{t} -\dfrac{k}{m}\mathrm{d}t$，

$\ln(v - K) - \ln(v_0 - K) = -\dfrac{k}{m}t$，因此，可以积分得到

$$v = K + (v_0 - K)\mathrm{e}^{-\frac{k}{m}t} \tag{6.10}$$

2）船锚在泥土中的力学分析

如图 6.5 所示，船锚贯穿过程中的主动力主要包括贯入锚的重量和任何被应用的驱动力，阻力包括作用在锚前端面和侧面的底部和侧向土壤支撑力，以及拖拽力。向上的净阻力使贯入锚做减速运动，直到最终停止。船锚贯穿到海床土壤里的动力行为可以表示为

$$M \cdot v \cdot \dfrac{\mathrm{d}v}{\mathrm{d}y} = W - F(v, y) \tag{6.11}$$

式中，$F(v, y)$ 为土壤阻力，$F(v, y) = F_{BP} + F_{AD} + F_H$，$F_{BP}$ 为土壤底部支撑力，F_{AD} 为侧向支撑力，F_H 为惯性阻力。

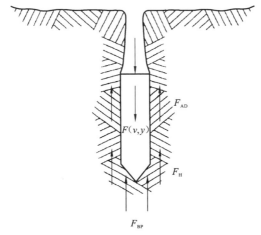

图 6.5　船锚在泥土中的受力示意图

鉴于 F_{BP}、F_{AD}、F_H 的计算需要测算土壤的众多参数才能确定，本小节从航海的角度出发，提出基于历史实验数据的船舶投锚贯穿量粗略计算公式。

设船锚运动至海床面时的速度为 v_2，锚重心最终深度为 $h_3 = \Delta x$，并记基于实验历史数据推算的泥沙底质平均阻力为 $\overline{F}$，则根据能量守恒定律有 $\overline{F} \cdot \Delta x = \frac{1}{2} mv^2 - 0$，即

$$\Delta x = \frac{mv_2^{\,2}}{2\overline{F}} \qquad (6.12)$$

6.2.5 锚泊注意事项

（1）控制航速。考虑超大型船舶尺度大、吃水沉、驾驶台较高等特点，在锚泊作业过程中需时刻关注航速的控制情况，还需借助 GPS、计程仪等设备辅助控制航速，同时还需结合岸上串视目标来复核船位、船速。

（2）把握好流向。超大型船舶锚泊过程中，要控制流压角、把握流向，调整船舶在顶流状态下操作，必要时可借助水面上的浮标、漂浮物等判断流向，尽量使船体与流向夹角保持小于 15° 的范围。

（3）选取适当的抛锚操作方式及时机。超大型船舶抛锚时，除非遇到紧急情况，否则尽量不要采用重力抛锚法，同时在抛锚过程中要合理选择出链时机，并配合刹车控制出链速度。出链时，船舶应保持静止状态或略有后退，速度控制在 0.3 kn 以下。

参 考 文 献

[1] Pandey K K, Kumar R, Pathak K, et al. Design and development of self-adjusting fixed type jetty. Journal of Applied Water Engineering and Research, 2019, 7(4): 273-286.

[2] 赵石峰. 大型开敞式深水码头建设关键技术研究. 大连：大连理工大学, 2008.

[3] 徐磊, 付博新, 廖勇, 等. 基于单点系泊的 LNG 船过驳新型作业模式. 水道港口, 2022, 43(5): 616-623.

[4] 汤国杰. 超大型船舶受限水域航行风险评价. 中国航海, 2010, 33(3): 105-108.

[5] 郑伟. 超大型集装箱船舶锚泊操作实践细节探讨. 中国海事, 2023(1): 62-65.

[6] 闫化然, 曾祥垄, 肖英杰. 长江口深水航道超大型船舶交会仿真. 上海海事大学学报, 2017, 38(3): 1-6, 24.

[7] 袁杰. 大型船舶进天津港操纵要点. 天津航海, 2018(2): 16-17.

[8] 徐铁, 危强. 超大型 LNG 船舶靠离泊所需拖船总功率研究. 船海工程, 2014, 43(2): 97-100.

[9] 熊振南, 翁跃宗, 张寿桂. 超大型船舶靠离泊操纵中拖轮助操的应用. 集美大学学报(自然科学版), 2009, 14(3): 260-264.

[10] 于军民, 刘辉, 杨玉满. 超大型船舶靠离泊操纵拖轮配置的研究//2008 船舶安全管理论文集. 中国航海学会海洋船舶驾驶专业委员会, 2008: 4.

[11] 符仕龙. 超大型船舶锚泊操纵基本方法分析. 中国水运(下半月), 2014, 14(3): 21-22.

[12] 缪宏. 操纵超大型船舶抛锚方法分析. 天津航海, 2023(3): 71-73.

第 **7** 章

超大型船舶系泊安全

7.1 船舶系泊概述

7.1.1 船舶系泊基本原理

船舶系泊是一种常见的作业行为，主要用于使船舶停泊、靠泊或进行各种海上作业[1]。该操作的主要目的是保持船舶相对于岸边或系泊设施位置相对稳定，以满足船舶在港口、码头等地的停靠需求。广义上的船舶系泊包括系泊、系浮筒、过驳系泊和锚泊系泊等。本章船舶系泊是指船舶通过缆绳系泊在码头或系泊设施上，并不包含船舶锚泊系泊、系浮筒和过驳系泊等。本章所述的系泊安全也仅指船舶系泊在码头泊位上的安全问题。船舶系泊基本原理可以由以下几部分组成[2]。

（1）缆绳系统。缆绳是连接船舶与岸边码头系泊设施的关键组成部分。缆绳的正确使用能够提供所需的张力，防止船舶漂移，并抵抗外部环境因素，如风、海浪和潮流。

（2）系泊力的调整。船舶系泊是否成功取决于缆绳的张力是否平衡。通过调整缆绳的长度和张力，船舶可以保持在安全的位置，适应外部环境变化。

（3）外部环境因素的考虑。①风力和方向：强风可能导致船舶漂移，因此必须考虑风的强度和方向，以调整缆绳的张力。②海浪和潮流：大浪和强潮流也会对系泊产生影响。

船舶系泊作业在实际操作中需要根据具体情况进行调整，确保船舶的安全停泊和作业。一般会综合考虑缆绳张力、外部环境因素和系泊位置等要素，以便有效地应对各种海况和停泊需求。

7.1.2 系泊系统组成与设计

1. 缆绳类型及特性

缆绳是用于船舶系泊和拖船等应用的关键组成部分。不同类型的缆绳具有不同的特性，以满足各种环境和使用条件[3]。以下是一些常见的缆绳类型及其特性。

（1）钢丝绳（wire rope）：由多股钢丝捻合而成，具有较高的拉伸强度和耐磨性、耐腐蚀性，适用于海洋环境，重量较重，但通常用于需要高强度和耐久性的场合。

（2）合成绳（synthetic rope）：使用合成材料制成，如聚酯、聚酰胺或聚乙烯，具有轻质、高强度和低伸长的特点；不易生锈，对人体和设备较为友好；在某些条件下可能受到紫外线、化学物质的影响。

（3）尼龙绳（nylon rope）：具有高弹性，能够吸收冲击和振动；耐磨性好，适用于船舶系泊和拖船等应用；对潮湿环境的适应性较好。

（4）聚乙烯绳（polyethylene rope）：密度低，能漂浮于水面上；具有高强度和耐磨性；耐化学腐蚀，适用于多种环境。

（5）防静电绳（anti-static rope）：可防止静电积聚，降低火灾和爆炸的风险；适用于需要处理易燃、易爆物品的环境。

（6）高模量聚乙烯绳（high modulus polyethylene rope）：具有较高的模量，即在拉伸时几乎不伸长；重量轻、强度高，适用于需要高度控制的系泊应用。

（7）锚链（anchor chain）：由多个环节组成，适用于锚泊和系泊；具有较高的强度和重量，有助于锚在海底牢固定位。

这些缆绳类型的选择通常取决于船舶的用途、环境条件、强度要求及其他特定需求。在实际应用中，船舶管理人员需要综合考虑这些因素，选择最适合其需求的缆绳类型。

2. 缆绳配备与布置

船舶系泊系统的缆绳配备与布置是确保船舶安全系泊的关键因素之一。以下是关于缆绳配备与布置的一些建议。

（1）缆绳类型和规格选择。根据船舶类型、尺寸和使用环境选择合适的缆绳类型和规格，并考虑船舶的重量、系泊力、环境条件等因素。

（2）缆绳数量和长度。缆绳数量和长度通常取决于船舶的尺寸、港口环境（包括潮汐、流速等），以及系泊的需求。

（3）缆绳布置方案。缆绳的布置方案包括锚链和缆绳的连接方式、系泊点的选取等，应有效地分散系泊力，提高系泊的稳定性。

（4）锚泊系统设计。对于需要使用锚泊系统的船舶，应设计合理的锚泊系统，包括锚链和锚的选择，以及锚泊点的位置。

（5）缆绳的弯曲半径。注意缆绳的弯曲半径，过小的弯曲半径可能导致缆绳受力不均匀，影响缆绳的寿命和安全性。

（6）缆绳的固定和连接。应确保缆绳的固定和连接处符合相关标准，采用可靠的连接方式，防止因连接点问题导致的安全事故。

（7）缆绳的定期检查和维护。应实施定期的缆绳检查和维护工作，包括检查缆绳的磨损、断裂、腐蚀等情况，及时更换受损的缆绳，确保系泊系统的可靠性。

（8）缆绳的预张力设定。应根据船舶的特性和系泊环境，设定适当的缆绳预张力。合理的预张力可以降低缆绳的调整次数，提高系泊的稳定性。

（9）缆绳的防护措施。应在缆绳可能受到磨损和损坏的区域设置适当的防护措施，如护套、护套网等，以延长缆绳的使用寿命。

3. 系泊设备

系泊设备包括缆桩、绞车和护舷，是确保船舶在港口安全系泊的重要组成部分。

（1）缆桩（bollard）。缆桩是安装在码头上的金属柱状物，通常由钢铁或其他坚固的材料制成。船舶通过绳索或缆绳将其系在缆桩上，从而实现船舶的停泊和停靠。缆桩通常分布在码头的不同位置，便于根据船舶的尺寸和方向进行合理系泊。

（2）绞车（capstan）。绞车是一种用于调整缆绳长度和提供张力的设备。它可以通过手动、电动或液压系统提供动力，使缆绳更紧或更松。绞车在船舶系泊操作中起到关键作用，特别是在需要频繁调整缆绳长度的情况下。

（3）护舷（fender）。护舷是用于保护船舶和码头结构免受碰撞和摩擦损伤的装置，能够缓解碰撞力，减轻船体和码头的损伤。护舷通常安装在码头的侧面，形状和材料的选择取决于船舶的尺寸和系泊环境。常见的护舷材料包括橡胶、聚乙烯等。

根据船舶的类型、尺寸和港口设施的不同，系泊设备的选择和布置可能会有所调整。这些系泊设备应共同协作，确保船舶在港口安全停靠，并提供必要的支持和保护。

7.2 船舶运动响应与缆绳张力分析

7.2.1 船舶运动响应模型

1. 风、浪、潮流等外部因素的影响

（1）风。风是影响船舶泊稳状态的重要因素之一，其作用力的计算目前采用的主要是《港口工程荷载规范》（JTS 144-1—2010）、《系泊设备指南》（Mooring Equipment Guideline）和《统一设施标准设计：系泊设施》（Unified Facilities Criteria Design: Moorings）中提供的方法。上述方法在计算恒定风力或静态缆绳受力方面比较准确，但在风、浪、流条件比较复杂的开敞式码头，其计算的船舶荷载精度会大大降低。

（2）波（涌）浪。波浪对船舶系泊安全的影响主要体现在波浪和涌浪两个方面。国际航运协会的统计数据表明，对船舶系泊安全影响最大的因素是涌浪，特别是长周期涌浪。涌浪不仅影响船舶的横摇，而且对船舶的垂荡影响较大。不同波高、波浪周期条件下，船舶各位置缆绳受力随波高增大而增大，随波浪周期增大而增大。

（3）流。流速的大小和方向也是影响系泊船舶泊稳状态的重要因素。根据船舶系泊经验，水流流向与码头轴线间的夹角越大，流压越大；而流压中心越靠近船舯位置，对系泊船舶越不利。

2. 船舶系泊运动模型

1）船舶系泊坐标系

船舶处于系泊稳定状态时，作用在船舶上的力和力矩也应处于平衡状态，即系泊缆绳的张力、码头护舷作用力和外界环境条件载荷三者所产生的力和力矩处于平衡状态。参照船舶六自由度运动方程，可构建船舶系泊坐标系，具体如图 7.1 所示。船舶系泊坐标系由两个坐标系组成，随体坐标系（OXY）和固定坐标系 $O_gX_gY_g$，O_gX_g 轴和 O_gY_g 轴平行于静水水平面，O_gZ_g 轴正交于 O_gX_g 轴和 O_gY_g。坐标轴的方向表示如下：O_gX_g 轴为正北方向、O_gY_g 轴为正东方向，O_gZ_g 轴垂直向下。随体坐标系的原点为船舶中心的重心，OX 轴和 OY 轴平行于基准面，OZ 轴正交于 OX、OY 轴。各轴的方向表示如下：OX 轴指向船首，OY 轴指向右舷，OZ 轴垂直向下。

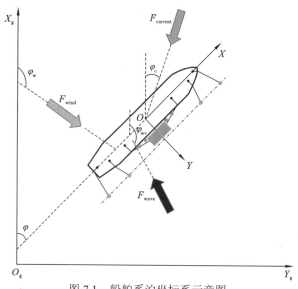

图 7.1　船舶系泊坐标系示意图

F_{wind} 为风作用力；F_{wave} 为波浪作用力；F_{current} 为流作用力；φ 为船艏向角；φ_{c} 为流向角；φ_{w} 为风向角；φ_{wv} 为波浪角

2）船舶系泊时域分析

在船舶系泊系统中，系泊船舶的运动是船体所受外力载荷、系缆力、船体三者相互耦合的过程，系泊系统受到外力作用会对船舶的慢漂运动产生影响，而船舶运动又会导致系泊缆绳动力载荷发生变化。非线性运动响应的时域分析方法是船舶系泊分析的常用方法，已有学者运用该方法比较精确地研究了长周期波条件下船舶的运动规律[4]，系泊船舶在任意外力作用下的运动方程可表示为

$$\sum_{i=1}^{6}\left\{[M_{ij}+m_{ij}(\infty)]\ddot{X}_j(t)+\int_{-\infty}^{t}L_{ij}(t-\tau)\dot{X}_j(\tau)\mathrm{d}\tau+(C_{ij}+K_{ij})X_j(t)\right\}$$
$$=F(t)\quad(i,j=1,2,\cdots,6) \tag{7.1}$$

式中：X 为船舶运动位移矢量；t,τ 为时间；M 为船体质量矩阵（包括惯性力矩）；$m_{ij}(\infty)$ 为附加质量；$L(t)$ 为迟滞函数矩阵；C 为静水恢复力矩阵；K 为系缆力矩阵；$F(t)$ 为 t 时刻的外力矢量；下标 i 和 j 为船舶运动模式。延迟函数矩阵 $L_{ij}(t)$、附加质量 $m_{ij}(\infty)$ 分别可表示为

$$L_{ij}(t)=\frac{2}{\pi}\int_0^{\infty}q_{ij}(\omega)\cos\omega t\mathrm{d}\omega \tag{7.2}$$

$$m_{ij}(\infty)=p_{ij}(\omega)+\frac{1}{\omega}\int_0^{\infty}L_{ij}(t)\sin\omega t\mathrm{d}t \tag{7.3}$$

式中：$p_{ij}(\omega)$ 与 $q_{ij}(\omega)$ 分别为角频率 ω 条件下的附加质量和阻力系数。波浪力是实际海面上各频率和各方向的波浪分量的组合。任意形体不同角频率条件下的波浪力可以用三维格林函数的方法进行计算。

3）船舶系泊载荷

（1）风载荷。作用于船体上的空气动力可视为以一定的方向和速度的风作用力，对于系泊船舶，风载荷与船舶尺度、船型、吃水及风向角等因素有关。风载荷的力和力矩的计算公式表示如下：

$$F_{XA} = [C_{XAH}(\varphi_{WK}) + \mathrm{d}C_{XA}(\varphi_{WK}, A_{XN})]0.5\rho_A V_A^2 (A_X + A_{XN}) \tag{7.4}$$

$$F_{YA} = [C_{YAH}(\varphi_{WK}) + \mathrm{d}C_{YA}(\varphi_{WK}, A_{YN})]0.5\rho_A V_A^2 (A_Y + A_{YN}) \tag{7.5}$$

$$M_{ZA} = [C_{mzAH}(\varphi_{WK}) + \mathrm{d}C_{mzA}(\varphi_{WK}, A_{YN})]0.5\rho_A V_A^2 (A_X + A_{YN})L \tag{7.6}$$

$$M_{XA} = [C_{mxA}H(\varphi_{WK}) + \mathrm{d}C_{mxA}(\varphi_{WK}, A_{XN})]0.5\rho_A V_A^2 (A_X + A_{XN})L \tag{7.7}$$

式中：F_{XA}、F_{YA}、M_{ZA}、M_{XA} 分别为风载荷纵向力、横向力、首摇力矩、横摇力矩；C_{XAH} 和 C_{YAH} 为无量纲的风载荷分量系数（纵向、横向）；C_{mxA} 和 C_{mzAH} 为量纲为 1 的风载荷力矩分量系数（首摇和横摇力矩）；$\mathrm{d}C_{XA}$、$\mathrm{d}C_{YA}$、$\mathrm{d}C_{mzA}$、$\mathrm{d}C_{mxA}$ 为风载荷作用在上层建筑产生的额外力、额外力矩的无量纲值系数、空气动力特性系数、采用数据库中不同船型的风载荷系数；φ_{WK}、V_A、ρ_A 分别为相对风弦角、相对风速和空气密度；A_X、A_Y、A_{XN}、A_{YN} 为水面以上船体、上层建筑在船舯横剖面和船纵剖面的投影面积。

（2）流载荷。产生力和力矩的水流通常分为稳定流和不稳定流，由它们产生的力和力矩的计算公式如下：

$$F_{XC} = C_{XBH}(\beta_{CK})0.5\rho V_{CK}^2 LT + \Delta F_{XC} \tag{7.8}$$

$$F_{YC} = C_{YBH}(\beta_{CK})0.5\rho V_{CK}^2 LT + \Delta F_{YC} \tag{7.9}$$

$$M_{ZC} = C_{mzBH}(\beta_{CK})0.5\rho V_{CK}^2 L^2 T + \Delta M_{ZC} \tag{7.10}$$

$$M_{XC} = \Delta M_{XC} \tag{7.11}$$

式中：F_{XC}、F_{YC}、M_{ZC}、M_{XC} 分别为流载荷纵向力、横向力、首摇力矩、横摇力矩；C_{XBH}、C_{YBH}、C_{mzBH} 为船体在稳流中，作用于船体的水动力的量纲为 1 的系数；β_{CK} 为相对漂角；V_{CK} 为水流与船舶的相对速度；ΔF_{XC}、ΔF_{YC}、ΔM_{ZC}、ΔM_{XC} 为由不规则流产生的附加横向力和力矩。由不规则流产生的附加横向力和力矩，可根据船体框架形状和所考虑区域的海流速度（局部速度），用平截面方法计算出。

（3）波浪载荷。在波浪干扰力作用下数学模型的处理过程中，将波浪视为由一系列与真实波浪相类似的、具有固定频谱特性的简谐波叠加而合成的。3D 不规则波的计算模型常采用该方法，对于不规则波，取浪高为 $H_{1/3}$ 处的常规情况下的波，波浪表面则是一组波的总和，计算公式如下：

$$\zeta(x_g, y_g, t) = \sum_{i=1}^{N} \zeta_i(x, y, t) = \sum_{i=1}^{N} A_i \cdot \cos(k_{xi}x + k_{yj}y - \omega_i t + \phi_i) \tag{7.12}$$

式中：i 为谐波数；N 为谐波总数；ζ 为 Z 坐标轴上的波面；A_i 为第 i 个谐波的振幅；k_i 为波浪数；ω_i 为第 i 个谐波的频率；ϕ_i 为谐波的相位。

（4）缆绳张力。为保证每根缆绳的受力均匀性，在系泊时，码头或船舶管理人员常常会加强缆绳张力管理。因此，对于系泊船舶，可以不考虑缆绳自身的重量，将缆桩与导缆孔之间的直线距离作为缆绳伸长后的长度。缆绳张力的计算公式如下：

$$F_{rope} = K_{rope} \cdot \varepsilon \tag{7.13}$$

式中：K_{rope} 为缆绳不同材质和类型对应的系数；ε 为缆绳的应变，可表示为

$$\varepsilon = \frac{d-l}{l} \qquad (7.14)$$

式中：d 为船岸系泊点之间的距离；l 为出缆长度。

7.2.2 缆绳张力分析方法

目前，针对船舶系泊安全的研究方法主要有物理模型试验和系缆力分析两种。物理模型试验由于限于缩尺船模尺度，精度受到了一定影响，而系缆力分析往往通过软件完成，计算的是静态状态下的系缆受力，没有综合考虑风、浪、流等因素综合条件的泊稳情况。近年来，随着计算机技术的不断发展，船舶运动三维仿真技术也日趋成熟，其中应用最为广泛的是船舶操纵模拟器，其在港口码头建设、航道设计、桥梁建设、工程改造等方面的应用得到了国内外同行的一致认可[5]。

1. 物理模型试验

物理模型试验是将浮式结构和系泊系统按照一定的比尺缩小后，利用造风系统、造波机系统等施加一定的环境条件，并在试验港池中完成的一种仿真试验。针对所研究的目标船舶及场景，设置多组不同的工况。试验过程中，将对波高、流速、风速、缆绳拉力、运动量等指标数据进行采集，并以此分析试验结果。物理模型试验结果在模拟条件要求较低的情况下比较接近真实情况，但在对模拟条件要求较高时误差较大。

2. 系缆力计算软件

近年来，相关研究单位基于数学计算模型开发了一系列船舶系缆力计算软件[6]，主要包括 ALYON 公司的 Ship-mooring、MARINE 公司的 Term Sim 和 Tension Technology，以及 International 公司的 Optimoor 等。

（1）Ship-mooring 是典型的动力模型分析软件，考虑风、浪、流作用力的非线性及船舶运动，主要适用于深海，如靠泊海上平台等。

（2）Term Sim 是基于动力分析的软件，可以用于单点系泊（SPM）系统、多点浮体系统或岸壁码头等多种系泊系统。该软件可以计算处于风、浪、流作用环境中的船舶系泊力和船体运动，主要用于计算停泊于接卸站的油轮在特定环境下的运动。软件中的模型采用了石油公司国际海事论坛（The Oil Companies International Marine Forum，OCIMF）船舶数据库中的模型数据，并基于尺寸数据推导了一些相关的水动力系数，可求解靠泊后船舶的运动和系缆力。

（3）Optimoor 软件采用的是静力模型，将一切外载荷按等效静力考虑，风载荷和水流力按 OCIMF 的推荐公式和图谱系数计算，适用于近海遮蔽码头。此外，Optimoor 软件还可用来计算波浪载荷，根据给定的波高计算出波浪作用在船上的近似静力，然后叠加到总载荷中。计算出外载荷之后，可根据缆绳的长度、空间几何位置，管系和缆绳的伸缩特性，通过数值模拟的方法计算出每根缆绳的受力。

上述软件大多仅考虑了恒定荷载作用下的缆绳张力，未充分考虑涌浪对系泊系统的影响，在涌浪不大、系缆力主要来自水流和风的封闭式水域模拟结果相对较好，但在开敞式水域，软件仿真结果往往误差较大。但相对于费时费力的物理模型试验，该类软件可作为一种高效的分析手段，其结果有一定的参考价值。

3. 船舶运动三维仿真

超大型船舶系缆力的影响因素十分复杂，既受船型、缆绳参数和码头布置影响，又受风、浪、流等各种动力因素的制衡。随着船舶大型化和泊位深水化的发展，加上在实际系泊中所面临的工况千变万化，理想状态下的数值模拟计算难以满足超大型船舶系泊安全的需求。因此，针对超大型船舶的泊稳安全仿真试验应运而生[7]。

基于船舶运动三维仿真技术的泊稳仿真试验，主要是运用船舶操纵模拟器实现的。在试验前，需先完成对试验目标及场景的建模，主要包括三部分内容，即电子海图的创建、视景模型的构建和试验船型的六自由度船舶数学模型的构建。然后，针对研究目标船舶设置相关的系泊安全试验工况，主要参数包括船舶载况、系泊方式、靠泊方式、缆绳特性、船舶出缆孔位置、码头系缆设施分布、风浪（涌）流条件等。最后，结合缆绳受力数据分析系泊船舶的状态。

7.3 船舶系泊安全管理

7.3.1 预测与监测

1. 气象预测

气象预测在系泊管理中起到至关重要的作用，它提供关于环境条件的信息，帮助船舶和港口运营者做出正确的决策，以确保安全、高效的系泊操作。以下是气象预测在系泊管理中的一些关键应用。

（1）风力和风向预测。风是影响系泊安全的主要因素之一。气象预测提供风力和风向的信息，使船舶和港口运营者能够提前了解潜在的风险，采取适当的措施来减轻风对系泊系统的影响。

（2）浪高和浪向预测。海浪对船舶系泊操作同样具有重要影响。气象预测提供浪高和浪向的信息，有助于预测海况，确保系泊设备和缆绳能够应对不同浪高条件下的工作环境。

（3）潮汐预测。潮汐对港口水位产生直接影响，也会对系泊系统的工作产生重要影响。潮汐预测允许船舶和港口管理者提前了解潮差变化，有助于调整缆绳长度和系泊设备的位置，确保在潮汐变化时依然能够维持良好的系泊状态。

（4）温度和大气压力预测。温度和大气压力的变化也可能对系泊操纵产生影响。气象预测可以提供气温和大气压力的信息，以便更好地理解这些因素对系泊安全性和稳定性的影响。

（5）降雨预测。降雨可能导致水域淤积、水位上升等问题，影响系泊设备和缆绳的工作。气象预测提供降雨的信息，帮助管理者采取预防性措施，防止降雨对系泊系统的不利影响。

（6）雷暴和恶劣天气预测。气象预测还包括对雷暴、风暴和其他极端天气事件的预测，这些情况可能对系泊系统造成严重威胁。通过及时获取准确的气象信息，船舶和港口管理者能够更好地应对不同的环境条件，确保系泊操作的顺利进行，同时降低潜在的安全风险。

2. 缆绳张力监测系统

缆绳张力监测系统是一种用于实时监测缆绳张力的设备，广泛应用于船舶系泊、起重设备、海洋工程等领域。该系统能够提供关键的数据，帮助操作人员了解缆绳的状态，确保安全可靠的系泊操纵。缆绳张力监测系统的主要特点和功能如下。

（1）传感器技术。缆绳张力监测系统使用各种传感器来测量缆绳的张力。常见的传感器类型包括应变计、压力传感器、光纤传感器等。这些传感器能够实时采集缆绳受力的数据。

（2）实时监测。系统能够提供实时的缆绳张力信息，使操作人员能够随时了解缆绳的状态。这对于在不同海况下调整系泊配置、预防超载等具有重要意义。

（3）数据记录与存储。缆绳张力监测系统通常能够记录并存储历史数据，包括缆绳张力的变化趋势、极值等。这有助于分析系统性能、评估缆绳疲劳程度，以及进行事故调查。

（4）报警系统。当缆绳张力超过设定的安全范围时，系统能够发出警报，提醒操作人员采取相应的措施，以防止缆绳超载导致安全问题。

（5）远程监测与控制。一些高级的缆绳张力监测系统支持远程监测和控制。操作人员可以在远离实际现场的情况下监控缆绳状态，进行实时决策和调整。

（6）可视化界面。缆绳张力监测系统通常配备直观的可视化界面，显示缆绳张力的图表、曲线和数字数值。这简化了对数据的理解和分析，提高了系统的易用性。

（7）适应多种环境。缆绳张力监测系统应具备适应不同环境的能力，包括耐腐蚀、防水、耐高温等特性，以保证在海洋环境或复杂工业场景中的可靠运行。缆绳张力监测系统的应用有助于提高系泊操作的安全性和效率，降低设备的维护成本，同时为系统的健康状态提供关键的实时信息。

7.3.2 缆绳维护与更换

1. 缆绳检查与保养

缆绳的检查与保养是船舶系泊和其他相关领域中关键的安全和运营管理措施。以下是缆绳检查与保养的一般步骤和注意事项。

1）缆绳检查

（1）外观检查。检查缆绳外观，注意是否有明显的磨损、断裂、腐蚀或其他损坏。观察缆绳表面是否有异物附着，如海藻、贝壳等，这可能影响缆绳的性能。

（2）直径测量。使用适当的测量工具测量缆绳的直径，确保其在规定范围内，并检测是否存在拉伸或变形。

（3）端头检查。检查缆绳的端头，确保没有裂缝或变形，确认端头是否固定良好，无明显的故障。

（4）缆绳连接点检查。检查缆绳连接点，如吊环、钩头、缆绳环等，确保连接牢固、无松动。

（5）内部检查。对于包覆缆绳，检查是否有内部损伤，如断丝、锈蚀等。对于钢丝绳，可以进行非破坏性检测，如超声波检测，以发现潜在的内部缺陷。

2）缆绳保养

（1）清洁。定期清洁缆绳，去除附着在表面的盐分、沙尘等，以防止腐蚀和磨损。

（2）防腐处理。对于金属缆绳，应进行适当的防腐处理（包括表面镀层、防锈漆等），以延长使用寿命。

（3）润滑。在需要的部位进行润滑，确保缆绳各部分的运动顺畅，减少磨损。考虑环境条件和缆绳材料，可使用适当类型的润滑剂。

（4）保护套。对于包覆缆绳，应确保保护套完整，及时更换磨损或受损的保护套。

（5）定期翻转。如果条件允许，应定期翻转缆绳的使用部位，以均匀分布磨损，延长缆绳寿命。

（6）定期检测。定期进行专业检测，如磁粉检测、磁场检测等，发现潜在问题并及时处理。

（7）记录维护历史。记录每次检查和保养的结果，建立缆绳的维护历史档案，便于追踪和分析缆绳的状态。

通过定期的检查和科学的保养，可以确保缆绳处于良好的工作状态，提高其使用寿命，保证系泊操纵的安全和可靠性。

2. 缆绳更换时机

缆绳更换的时机是一个重要的决策，它直接关系到船舶系泊操纵的安全性和可靠性。影响缆绳更换时机的一些关键因素如下。

（1）磨损程度。定期检查缆绳表面的磨损程度，特别是在缆绳受力部位。如果发现明显的磨损、断丝、变形等现象，可能需要考虑更换缆绳。

（2）断丝数量。缆绳上出现大量断丝可能表明其强度已经受到影响。根据断丝数量和分布情况，可以评估缆绳的剩余寿命。

（3）内部缺陷。对钢丝绳进行定期的非破坏性检测，如超声波检测，以检测内部的缺陷。如果发现有内部问题，可能需要及时更换。

（4）锈蚀程度。对于金属缆绳，注意检查缆绳的锈蚀程度。过度的锈蚀可能降低缆绳的强度和耐久性，需要考虑更换。

（5）使用年限。缆绳的使用年限是一个重要的考虑因素。即使外观看起来良好，长时间的使用也可能导致缆绳内部的劣化。制造商通常会提供缆绳的寿命预测。

（6）环境条件。不同环境条件下，缆绳的受损程度可能有所不同。在恶劣的海洋环境中，缆绳更容易受到腐蚀和磨损，可能需要更频繁地更换。

（7）系泊需求。如果船舶的系泊需求发生变化，例如需要更大的靠泊力或更换不同的系泊方式，可能需要更换适应新需求的缆绳。

（8）维护记录。定期记录缆绳的维护历史，包括检查和保养的日期、发现的问题及采取的措施。这些记录有助于评估缆绳的整体状况。

综合考虑这些因素，制订一个基于实际情况和预防性维护的缆绳更换计划是至关重要的。及时的更换可以防止因缆绳老化或磨损而导致的安全隐患，确保船舶系泊操纵的可靠性和安全性。

7.3.3　紧急情况处理

1. 缆绳断裂应急措施

缆绳断裂是一种紧急情况，需要立即采取措施，以减轻可能的风险和危害。缆绳断裂时的应急措施如下。

（1）立即报告。船舶上的工作人员应立即向船长和船上其他相关人员报告缆绳断裂事件，确保所有船员都了解发生的情况。

（2）启动应急通信。启动船舶上的应急通信系统，与岸上或港口通信中心建立联系，报告缆绳断裂的位置、原因和船舶当前状态。

（3）操纵船舶。根据船舶的具体情况，船长应立即采取操纵船舶的措施，以确保船舶不会漂流到危险区域，与其他船只或港口设施发生碰撞。

（4）启动备用缆绳。如果船舶配备有备用缆绳，船员应迅速启动备用缆绳，以维持船舶的系泊状态。在这个过程中，需要注意确保备用缆绳的可靠性和适用性。

（5）采取安全措施。船员应佩戴个人防护装备，并遵循船舶上的安全程序，以防止任何人员在紧急情况中受伤。

（6）通知港口或船舶交通管理机构。向港口或船舶交通管理机构报告缆绳断裂事件，请求协助并遵循相关程序。

（7）启动紧急锚泊程序。如果条件允许，考虑启动紧急锚泊程序，以确保船舶在缆绳断裂后能够安全停泊。

（8）减轻系泊力。根据情况，船长可以调整船舶的动力系统或采取其他措施，以减轻系泊力，降低系泊系统的压力。

（9）寻找帮助。如果情况复杂或需要外部援助，可以考虑请求港口拖船、救援船或其他支援。

（10）记录事件。在处理紧急情况后，船舶上的人员应立即记录事件的详细情况，包括断裂原因、采取的措施和结果。

在任何情况下，船舶的船长和船员应根据船舶的具体情况和航行环境灵活决策，确保采取的措施安全有效。应急措施的成功执行需要船员经过相关培训和具备熟练的操作技能。

2. 恶劣天气条件下的系泊管理

在恶劣天气条件下，系泊管理变得更加复杂，因为极端天气可能对船舶系泊安全产生严重影响。在恶劣天气条件下的系泊管理建议如下。

（1）提前预警。船舶管理人员应密切关注天气预报，提前获取恶劣天气的信息。提前预警将为船舶管理团队提供足够时间制订和实施相应的应对计划。

（2）调整缆绳张力。根据天气条件，考虑调整缆绳的张力。在恶劣天气条件下，可以适当增加缆绳的张力，以应对强风和大浪。

（3）监测气象变化。在恶劣天气条件下，应实时监测气象变化。使用气象传感器和相关设备，及时了解风速、浪高等信息，以便及时调整系泊计划。

（4）定期巡视。增加巡视频率，定期检查缆绳、缆绳连接点和系泊设备的状态。应及时发现和处理任何潜在问题，确保系泊系统的可靠性。

（5）备用缆绳准备。在可能受到恶劣天气影响的情况下，准备备用缆绳。在需要时能够快速更换缆绳，以确保船舶的系泊安全。

（6）考虑使用更多缆绳。在强风、大浪等恶劣天气条件下，考虑增加系泊缆绳的数量，以分散系泊力，减轻单个缆绳的受力压力。

（7）启动备用系泊方式。根据具体情况，考虑启动备用系泊方式，例如使用备用锚地、调整系泊位置等，以适应恶劣天气条件。

（8）及时响应预警信号。如果港口或船舶交通管理机构发布了恶劣天气的预警信号，船舶管理团队应及时响应，采取必要的措施。

（9）紧急预案。制定详细的紧急预案，包括紧急脱缆、紧急锚泊等应对措施，并确保船员了解并熟悉紧急预案的执行步骤。

（10）船舶安全移泊。在恶劣天气条件下，考虑将船舶安全移泊至更安全的区域，远离可能受到风浪影响的区域。确保在恶劣天气条件下采取适当的措施，以最大限度地保障船舶的系泊安全。根据实际情况和船舶特性的不同，船舶管理人员需要制定相应的恶劣天气系泊管理计划。

7.4 未来发展趋势与技术创新

7.4.1 船舶系泊技术发展趋势

船舶系泊技术正处于不断演进的阶段，受到科技进步和行业需求的推动，未来的发展趋势涵盖多个方面，具体如下。

（1）智能化与自动化。随着航运业的数字化转型，船舶系泊技术也趋向智能化和自动化发展。使用先进的传感器、自主导航系统和远程监控技术，船舶能够更精准地进行系泊操纵，减少人为干预，提高操作的安全性和效率。

（2）新材料与设备。新型高强度、轻量化材料的应用将改善缆绳和系泊设备的性能。先进的合成材料、纤维和蓄能器等技术的应用，有望提升缆绳的强度和耐久性，同时减轻船舶自身的重量。

（3）数据分析与预测。利用大数据分析和人工智能技术，可以更好地理解外部环境因素对系泊的影响，实现对潮汐、风力、浪高等数据的准确预测。这将有助于提前采取措施，调整系泊系统，以适应不同环境条件。

（4）环保与可持续性。船舶系泊技术的发展也受到环保和可持续性的驱动。设计更环保、节能的系泊设备，减少对海洋生态系统的影响，以及利用可再生能源来支持系泊操作，都是未来的发展趋势。

（5）虚拟和增强现实技术。利用虚拟和增强现实技术，可以提供更直观、实时的系泊操作视图，帮助船员更好地掌握操作情况。虚拟培训和模拟器的使用也将有助于培养船员的系泊技能。

（6）多模式系泊。未来的系泊技术可能涉及多种系泊模式的切换，以适应不同环境和任务需求。例如，在大风或恶劣天气下，可以采用更为稳固的系泊方式，而在安全港口内则可以选择更灵活的系泊配置。

综合来看，未来船舶系泊技术的发展将向智能化、数字化、环保和可持续性的方向发展，以满足日益复杂和高效的海上运输需求。

7.4.2 新兴技术在系泊安全中的应用

1. 智能系泊系统

系泊系统的智能化是指通过集成先进的数字技术和智能控制系统，使船舶系泊操作更为自动化、精确和可持续。以下是系泊系统智能化的一些关键方面。

（1）传感技术应用。智能系泊系统使用各类传感器（如激光雷达、摄像头、声呐等）实时监测船舶和周围环境的状态。这些传感器能够提供关键数据，包括风速、浪高、潮汐情况，以及船舶的位置和姿态等信息。

（2）自主导航系统。自主导航技术能够使船舶在系泊时更加灵活和自动化。船舶配备先进的导航系统，能够根据环境条件自主调整船舶位置，确保船舶始终保持在指定的系泊位置。

（3）智能控制与算法。智能控制系统利用先进的算法和人工智能技术，分析传感器数据并做出实时决策。这些算法能够预测外部环境变化，调整缆绳张力和长度，优化系泊系统的性能，以适应不同的海况和任务需求。

（4）远程监控与遥控。智能系泊系统允许远程监控和遥控操作，使船舶的系泊可以在远离港口的地方进行。远程操作中心可以实时监测船舶状态，及时响应环境变化，提高船舶系泊的灵活性和效率。

（5）数据分析与预测。智能系泊系统通过数据分析，能够更好地理解外部环境对系泊的影响。结合大数据和机器学习技术，系统能够提前预测潮汐、风力和浪高等参数，为系泊决策提供准确的参考。

（6）虚拟化培训。利用虚拟和增强现实技术，智能系泊系统可以提供虚拟培训环境，帮助船员熟悉操作流程和应对各种情况，从而提高系泊操作的安全性和可靠性。

智能系泊系统能够更好地适应复杂多变的海上环境，提高船舶系泊的效率和安全性，降低人为操作的风险，为航运业迈向数字化时代提供切实可行的解决方案。

2. 先进材料在缆绳设计中的应用

先进材料在缆绳设计中的应用对提升缆绳的性能和耐久性起到了重要作用。以下是一些常见的先进材料及其在缆绳设计中的应用。

（1）高强度合成纤维。高分子合成纤维，如聚乙烯、聚丙烯和聚酯等，具有轻量、高强度和耐磨性的特点。这些纤维常用于缆绳的芯部，以提高整体的强度和抗拉性能。Dyneema（特殊聚乙烯纤维）和 Vectran（聚丙烯纤维）是常见的高强度合成纤维。

（2）碳纤维。碳纤维具有出色的强度和刚度，同时具备轻量化的特点。在缆绳设计中，碳纤维通常用于增强缆绳的强度，尤其是在需要抗拉和耐磨性能较高的应用中，如船舶系泊和起重设备。

（3）芳纶纤维。芳纶纤维（如 Kevlar）具有高强度和耐磨性，同时具备良好的抗化学腐蚀性能。这些特性使芳纶纤维在缆绳中被广泛应用，尤其在需要防弹和抗撞击的场合，如军事和安全救援领域。

（4）玻璃纤维。玻璃纤维是一种相对较便宜且具有良好强度的材料，常用于一些轻型和中等强度要求的缆绳中。它具备良好的耐腐蚀性和电绝缘性，适用于特定工况下的系泊和拉索应用。

（5）超高分子量聚乙烯（UHMW-PE）。这是一种具有极高分子量的聚乙烯，常用于制造高性能缆绳。UHMW-PE 具有极高的抗拉强度、耐磨性和耐腐蚀性，常用于需要轻量和高强度的应用，如起重吊索和海洋系泊缆绳。

这些先进材料的应用将使缆绳能够在更恶劣的环境条件下工作，并提高整体性能，如抗拉强度、耐磨性、抗腐蚀性等。缆绳设计中的材料选择取决于具体的应用场景和性能需求。

参 考 文 献

[1] Jorge Rosa-Santos P, Taveira-Pinto F. Experimental study of solutions to reduce downtime problems in ocean facing ports: The port of leixões, Portugal, case study. Journal of Applied Water Engineering and Research, 2013, 1(1): 80-90.

[2] Kudale A, Vidula S V, Sadhana K S. Mooring System for very large ships at berth. International Journal of Current Engineering and Technology, 2016, 6(4): 163-171.

[3] Das S N, Kulkarni S, Kudale M D. Design of safe mooring arrangement for large oil tanker. Procedia Engineering, 2015, 116: 528-534.

[4] 陈忱, 时永鹏, 刘鹏. 基于三维时域方法的大型集装箱船系泊载荷分析. 武汉理工大学学报(交通科

学与工程版), 2019, 43(5): 968-971, 976.

[5] Kwak M, Pyun C. Computer simulation of moored ship motion considering harbor resonance in pohang new harbor//Ports 2013. Seattle, Washington. Reston, VA: American Society of Civil Engineers, 2013: 1415-1424.

[6] 梁斌, 朱永凯, 张海涛, 等. LNG 船岸系泊软件应用. 船海工程, 2022, 51(2): 86-88, 92.

[7] 陈立家, 王冰, 魏天明, 等. 基于船舶操纵模拟器的大型滚装船泊稳条件试验方法. 上海海事大学学报, 2023, 44(4): 8-16.

第 **8** 章

超大型船舶过驳安全

8.1 概　　述

广义上的船舶转运作业是指在静止或航行中彼此并排的海船之间进行货物转运,转移的货物包括原油、液化气、散装货物和石油产品等。商船的船舶转运作业应与军用船舶、舰艇之间的补给作业区别开来,后两者在本章中不做讨论。

根据中国船级社 2019 年公布的《船对船过驳指南》,过驳作业指在海上锚地、港口、码头或主管机关指定水域进行的原油、石油产品、化学品和液化气体的船对船(ship to ship,STS)旁靠进行货物直接换装的作业。具体流程包括操纵船舶抵靠、系泊、软管连接、货物过驳过程、软管断开、离泊和离开操作。过驳作业是解决航道水深不足、泊位数量不足问题的有效途径,大型船舶的过驳作业尤为常见。

从过驳作业的特点来看,过驳作业既可能发生在当一艘船在锚地抛锚或停靠港口码头时,也可能发生在两船同速航行或漂航时,还可能发生在海上单点系泊时。作业通常由过驳作业服务提供商组织,通常服务提供商会按照要求安排机务或者系泊船长,以及必要的设备。

8.1.1　过驳类型及特点

船舶过驳作业常见的船型主要是大型液货船舶,包括超大型油轮(VLCC)(图 8.1)、液化天然气(liquified natural gas,LNG)船(图 8.2)、浮式生产储油卸油(floating production storage and offloading,FPSO)船舶(图 8.3)等,其中液化天然气船还包括浮式储存及再气化装置(floating storage and regasification unit,FSRU)(图 8.4)。

图 8.1　超大型油轮过驳

图 8.2　LNG 船舶过驳

图 8.3　FPSO 船舶过驳

图 8.4　FSRU 船舶过驳

从大型船舶过驳的特点来看,过驳作业大致可分为锚泊过驳、航行过驳和单点系泊过驳三种类型。

1. 锚泊过驳

锚泊过驳(transfer at anchor)是指当船舶彼此系泊,并且其中一艘船抛锚或系泊停泊时进行 STS 货物过驳的操作。如图 8.5 所示,从操作过程来看,锚泊过驳是卸载船在抛锚或系泊状态,受载船航行至卸载船舷侧进行带缆系泊。

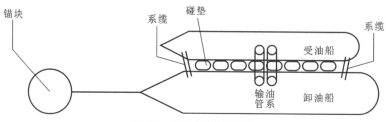

图 8.5　锚泊过驳示意图

锚地过驳不仅对水域范围有一定要求,而且对锚地底质的要求也较为苛刻,锚地底质提供的锚抓力需要满足两艘船舶过驳时稳定船位的要求。

2. 航行过驳

航行过驳(underway transfer)是指在正在航行或漂航的两艘船之间进行的 STS 过驳作业。从过驳作业的方式来看,航行过驳分为双舷过驳操作(side by side operation)和编队过驳操作(convey operation),如图 8.6 和图 8.7 所示。

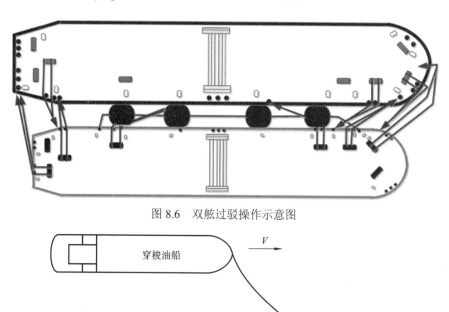

图 8.6　双舷过驳操作示意图

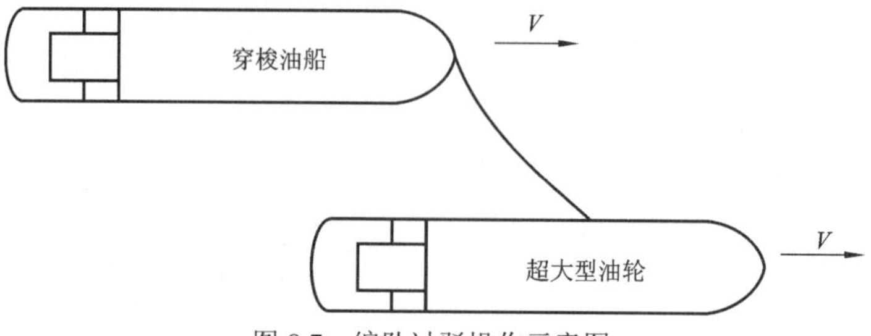

图 8.7　编队过驳操作示意图

采用编队过驳方式的两船航速必须相同，且需要保持相对固定的横向距离和纵向距离，对两船的操纵要求较高，这种方式在商船中的应用较少，一般多应用在军用船舶或特种作业船舶间的过驳作业。

3. 单点系泊过驳

目前，配有动态定位（dynamic positioning，DP）系统的提油轮仍不是很普遍，提油轮与FPSO之间的过驳作业往往采用尾靠的方式进行（并靠方式较为少见），带缆系固完成后，采用单点系泊（SPM）的FPSO、提油轮和拖轮三者呈编队排列，尾拖轮负责控制提油轮与FPSO之间的距离和角度。提油轮与FPSO过驳作业示意图如图8.8所示。

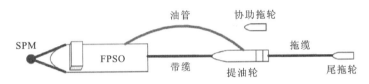

图8.8　提油轮与FPSO过驳作业示意图

FPSO与提油轮的海上过驳较之其他单点系泊装置或码头过驳具有以下特点。

（1）过驳海域可选择性不强，FPSO位置受海上油田位置的影响较大。

（2）受风流浪等自然因素影响大。由于FPSO通常系泊于无遮挡的外海，加之其本身的体积庞大，容易受恶劣天气的影响。

（3）一旦发生事故，将会导致严重的污染事故。

8.1.2　过驳作业要求

1. 一般要求

1）参与过驳作业船舶

（1）参与过驳作业的船舶应持有有效船舶证书，并处于适航和适载状态。

（2）参与过驳作业的船舶并靠期间应处于随时可驶离或被拖离状态。

（3）作业期间，卸载船和受载船应适时调整压载水，尽量减小干舷差，充分注意船舶的干舷、吃水差、稳性和强度，双方船舶应按规定保持连续的良好值班和瞭望。

（4）船舶货油作业区域内使用的通信、作业和照明工具及作业人员着装应符合防火、防爆、防静电的作业要求和相关规定。

（5）过驳作业期间，应配备消防船、拖船或消拖两用船及防污染船舶，在作业区附近履行应急防备职责，并建立有效的应急联系。

（6）履行应急防备职责的拖轮功率应能将靠泊中的一船迅速拖离。

2）过驳作业区域

（1）过驳作业区域应选择有遮蔽，风、涌、浪小，水潮流平缓的水域，且应避开主航道及通航环境复杂区域，周围应没有影响过驳作业的障碍物。

（2）锚泊过驳作业区应选择泥沙底质或泥底质，地势较平坦，且有足够安全旋回余地的水域。

（3）在航过驳应满足船舶安全靠离与回旋的水域范围和水深条件。

（4）过驳作业区选址时应考虑该区域的应急能力，应划定警戒区域，必要时设置警示、助航标志。过驳作业期间，未经主管部门同意，其他船舶不得进入警戒区域。

3）总负责人要求

总负责人应是参与过驳作业船舶的船长（通常是机动操纵船的船长）或是经营人指派的具有过驳作业经验的管理人员。

4）总负责人的主要职责

（1）确保根据 STS 计划的要求、《船对船石油过驳指南》中的建议进行货物的过驳、系泊和离泊操作。

（2）在货物过驳、系泊和离泊的关键操作期间对船长给予建议。

（3）当发生紧急情况时，确保相关应急预案的实施。

（4）确保所有要求的报告报有关当局。

（5）在核实过驳船舶之间建立有效的通信，完成恰当的检查之前，确保不进行驶近和靠泊操作。

（6）确保根据认可的行业指南进行过驳前的 STS 安全检查，并确保在解缆前完成适当的检查。

（3）总负责人有权中止或者结束过驳操作，并针对某些具体的操作修改过驳计划。

5）气象水文条件

（1）过驳作业应考虑水流、风、浪、潮汐等对作业船舶产生的相对位移变化或偏荡，以及对缆绳、锚链的综合影响，并确定安全作业的水文气象允许范围。

（2）进行靠泊、离泊或在航过驳作业时，应具备船舶安全操纵和安全航行的良好能见度。

（3）相关方应及早收集掌握过驳作业前和整个过驳作业过程的气象报告，做好雷电等极端天气情况下的应急防备。

6）通信导航

（1）船舶货油作业区域内使用的通信工具应具有安全防爆功能。

（2）参与作业的船舶间应使用安全便捷的通信设备，在靠泊前建立良好的通信联系，在作业全程中保持有效联络。无论何种原因使两船间无法保持正常联系时，应立即停止过驳作业。

（3）参与作业的相关方应使用有效的船上工作语言，必要时可通过翻译。

（4）靠泊、离泊及过驳作业期间，船舶应谨慎使用通信及导航设备，减少电磁辐射并防止静电的影响。

（5）参与过驳船舶的自动识别系统设备应在任何时候保持可用状态，并及时更新。

7）碰垫

（1）主碰垫的种类、规格、数量、布设位置和布置方式应根据船长、歧管位置和船体各部位强度进行确定并合理配置，使挤压力均匀分散于两船垂线间的平行船体上，以保证在过驳作业期间船与船之间不发生直接接触。

（2）船舶应根据需要配置靠泊、离泊时所需的辅助碰垫。

（3）过驳作业期间应经常观察碰垫及其固定绳索等附件设备，确保其工作正常。

8）系泊缆绳

（1）系泊缆绳通常由受载船提供，必要时卸载船应提供相应数量的缆绳。使用多组缆绳时，应尽量避免使用同一个缆桩或导缆器。

（2）船舶若使用钢缆应加上软尾索或用软性绝缘材料对琵琶头进行有效包裹。使用的软尾索应符合以下要求：①由绝缘的合成材料制成；②长度至少为 11 m；③为钢缆强度的 125%，当材质是聚酰胺（尼龙）时为钢缆强度的 137%。

（3）为避免因干舷差值而导致系泊张力过大，系泊时应选取适当的带缆点，保证足够长的出缆长度和尽可能小的缆绳导向角，必要时应增加缆绳数量。

（4）值班人员应经常检查系泊缆绳的松紧度，并视两船干舷差的变化对其进行调整。

（5）受载船应在外舷布设应急钢质拖缆，海上过驳时应至少在艏艉处各布设一根。

9）软管

（1）使用的软管应符合相关行业标准，并能提供产品合格证及以下信息：①制造生产商的名称或商标；②产品标准规格的识别码；③生产时间和出厂的系列号；④标明该软管静电性的说明，包括具备连续导电性或非连续导电性；⑤服务对象类型（如油或化学品）；⑥额定工作压力，最大工作压力，爆破压力和最高、最低工作温度。

（2）软管应与过驳石油的特性、温度和压力相适应。

（3）软管的最大工作压力应不小于 1 MPa（表压力），爆破压力应不少于最大工作压力的 4 倍。

（4）每 12 个月应至少进行一次静水压力试验，试验压力在 1.5 倍额定工作压力与 0.4 倍爆破压力之间，试验压力和日期应标明在软管上，试验情况应记录备查。对于装载特别有腐蚀性的货品或者高温货品软管，应缩短其试验间隔时间。

（5）软管应有足够的长度，充分考虑两船干舷差的变化和位移等因素，避免在输油过程中产生磨损、扭绞或过度受力。

（6）在输油过程中，应根据软管特性采用自然下垂或由悬挂设施适当悬挂，若采用悬挂方式，软管弯曲半径应不小于其内径的 6 倍。

10）防火

（1）卸载、受载船舶的消防应急设备应处于随时可用状态，歧管附近应配备适当的便携式消防和溢油应急处置设备、器材，泡沫炮等固定系统应指向正在使用的歧管。

（2）卸载、受载船舶的甲板上、泵舱内应备有随时可用的消防器材。

（3）严格遵守防火、防爆、防静电的有关规定。

11）人员保护

（1）卸载、受载船舶应将按相关规范配备的个人安全防护、急救器材等准备妥当，以便随时可用。

（2）货油输送期间，规定用于船员进出生活区的舱门应保持关闭，所有舷窗及其他进出生活区的舱门都应关闭，用于生活区的空调系统应转为内循环。

（3）过驳作业期间，应根据需要在两船间设置安全、便捷的人员转移通道。

12）环境保护

卸载、受载船舶应编写船舶作业污染风险分析报告，制定防治污染的措施，配备相应的防污染设备设施。

13）照明

夜间作业应有良好的照明，如有可能，船舶的作业侧及碰垫应有聚光照明。

14）安全

（1）风险评估。过驳作业前，作业相关方应进行风险评估，落实风险管控措施。

（2）防止疲劳。作业期间，作业相关方应合理安排作业人员的作息时间，防止人员疲劳。

（3）安全值班。作业期间，应安排适岗的值班人员，并对船舶状况、作业情况进行不间断的巡视和检查。

2. 靠泊要求

1）靠泊前准备

靠泊前每艘船舶均应做好下列准备工作。

（1）对货油装卸、控制和安全系统进行检查、测试。

（2）对本船自航能力、装卸设备及流程、系泊设施和辅助设备、通信联系设备与程序、防火防污器材的配置、值班安排等进行自查。

2）靠泊前信息传递

靠泊前相关方应互通下列资料和信息：①靠泊方法；②船舶总长和垂线间长度；③歧管与船首和船尾的距离；④系泊侧舷外障碍物是否已收回；⑤系泊侧的系泊设备是否准备妥当；⑥两船间预计的最大干舷差；⑦主碰垫的数量、规格、尺寸及位置；⑧预定使用的歧管法兰规格和数量。

3）靠泊前人员保障

靠泊过程中应保证有足够人员进行系泊作业。

4）靠泊期间对系泊设备的要求

卸载、受载船舶绞缆设备应保持随时可用状态。

5）锚泊过驳的靠泊

（1）靠泊作业应在船舶锚泊于预定位置，且锚链受力、艏向稳定后才能开始。

（2）靠泊作业时，应充分考虑风、流、富余水深、船型尺度对船舶操纵的影响，以及锚泊船产生偏荡或旋回对机动操纵船带来的不利影响。

6）在航过驳的靠泊

（1）靠泊作业应待艏向恒定船航向稳定后才可进行。

（2）作业两船应及早控速，避免两船相对接近时，因主机转速过快而产生兴波或船首偏转。

（3）机动操纵船靠近艏向恒定船时，应保持适当的安全横距与相对速度。

（4）在两船系泊成一个整体后，艏向恒定船负责航行和避让，机动操纵船应给予配合。

3. 货油输送

（1）货油输送前，相关方的负责人应确认完成安全检查。

（2）货油的输送操作由卸载船负责控制，货油输送期间，卸载船应指派专人在货控室值班。

（3）货油输送期间，双方都应指派专人在各自歧管处负责观察软管，发现异常立即报告，并采取相应措施。

（4）货油输送阶段双方应建立现场值班人员可视联络。

（5）遇有下列紧急情况应立即发出商定的紧急停止信号，停止货油输送并采取相应措施：①遇有雷电、火灾或烟囱冒火星；②水文、气象条件超出过驳作业允许范围；③发生泄漏；④发生断缆或缆绳有破断可能；⑤主碰垫失效；⑥邻近水域出现可能危及货物输送安全的船舶或情况；⑦参与作业任一相关方操作负责人认为继续作业有危险时；⑧作业相关方发生通信障碍时；⑨其他危及过驳作业安全的情况。

（6）货油输送完成后，软管应经过扫线清油和关闭阀门后才能拆卸并加盖盲板，如中途停止过驳作业，也应进行扫线清油作业并关闭阀门，必要时应拆除软管。

4. 离泊要求

（1）应确认所有软管已被拆除，歧管加封盲板，船舶的货油作业侧障碍物已清除。

（2）相关方已明确离泊方案，且有足够的人员进行离泊作业，如需拖轮协助，拖轮应已到位。

（3）确认附近水域通航环境和水文气象允许离泊。

5. 应急反应要求

（1）参与过驳作业的船舶应有过驳安全和防污染应急预案。

（2）过驳作业中，作业相关方均应做好应急准备工作，当出现紧急情况时立即启动相应应急预案。

（3）作业相关方应定期开展过驳安全和防污染应急演练，不断完善应急预案。

8.2 影响因素

根据统计数据，STS 作业中碰撞事故主要发生在船舶操纵过程中。影响船舶过驳作业安全的因素较多，主要包括以下几点。

1. 天气条件

天气条件对 STS 过驳作业有限制，一些管辖区对天气条件限制有规定。参与 STS 过驳作业的船舶，应针对每个特定的过驳地点，考虑天气条件限制。影响过驳作业管理的天气条件主要包括以下几点。

（1）能见度。在任何靠泊操作中，能见度应足以允许安全操纵，同时应考虑安全航行和避免碰撞的要求。只有在相关人员确认能见度适用于系泊和货物过驳时才应开始过驳操作。

（2）风速和风向。风速和风向是影响船舶靠泊作业安全的重要因素，过驳作业时应严格执行过驳环境限制条件，减少因风速过大导致的触碰事故。

（3）波浪和涌浪的浪高、周期和方向。STS 过驳作业区域应谨慎选择有长周期波浪的地点，系泊载荷随波浪周期或波浪遭遇周期增加而增加。

（4）天气预报。服务提供商和船舶运营商应在可能的情况下利用专业天气预报服务，提供有关 STS 过驳地点当前和未来天气预报的详细信息，以确保最新的海上相关预报信息可用于海上过驳作业。这些信息应包括过驳位置的风、浪和涌的详细信息，并且应分发给参与作业的相关方，为过驳作业提供技术支撑。

超大型油轮（VLCC）海上 STS 过驳作业环境限制条件可参考如下标准。

（1）水文气象条件对 STS 过驳作业的影响，取决于风、浪、流、潮汐和气象等对碰垫和缆绳的影响程度、两船间相对干舷高度差、舶向恒定船锚抓力及两船相对运动情况等。

（2）大潮汛期间，或流速超过 2.5 kn 时，一般不能进行 STS 过驳作业。

（3）操纵船靠泊舶向恒定船时应合理选择时机，确保靠泊安全，一般应选择低平流以后 2 h 内进行靠泊作业，急流和转流期间严禁靠泊。

（4）在靠离泊作业过程中，操纵船不得过于接近附近锚泊船或其他危险的障碍物，距离其他障碍物的最近距离不得小于 1000 m，否则将会增加与其他锚泊船或危险障碍物的碰撞概率。

（5）夜晚或能见度小于 1 n mile 时，操纵船禁止靠近舶向恒定船或进行靠泊作业。

（6）若能见度低于 500～600 m，STS 过驳作业应停止。

（7）STS 过驳作业期间，包括靠泊作业，应在风力小于 6 级（且涌浪高度一般小于 1.5 m）时进行。现场实测风力持续 10 min 超过 6 级时，应停泵。操纵船处于附近锚泊船或其他危险的障碍物的危险区间内，且不利风向的风力达到 5 级及以上时，不得进行靠泊作业。

（8）在 STS 过驳作业前和作业过程中，应及时掌握过驳区域的天气变化情况。如遇到雷电风暴应停止 STS 过驳作业，等待天气转好后重新启动过驳作业。

2. 船舶尺寸及操纵能力

进行过驳作业的两艘船舶尺寸的大小直接影响过驳作业的安全。尺寸相差较大的两艘船舶受船舶缆桩、导缆孔位置和数量的限制，系泊方案的选择将受到较大制约，具体制约主要表现在出缆水平角和出缆长度方面。在过驳两船的尺度较接近时，首缆尾缆的水平角较大，两船尺度相差较大时，倒缆水平角的水平角较大，这不利于缆绳约束船舶纵向和横向的水平移动和水平方向转动。

由于过驳两船导缆孔距离较近，一般不适于出横缆；两船尺度接近时，首缆尾缆的出缆长度难以满足受力的弹性缓冲要求；两船尺度均较小时，各条缆绳均难有足够长度。缆绳长度不足易在骤力作用下破断。有时受到缆孔缆桩位置的限制，首缆尾缆长度过长，缆绳过长难以绞紧，风浪涌中也易产生较大搓动。

3. 靠泊速度

无论是哪种过驳形式，受驳船在靠泊过程中，合理控制船速是保证靠泊安全的关键因素。过驳过程中，靠泊速度过快是导致船舶触碰事故多发的重要原因。

4. 自由液面与晃荡

参与 STS 过驳作业的船舶横摇和纵摇会导致在半舱液位的货舱晃荡，减少过驳船舶晃荡的措施主要包括以下几点。

（1）严格遵守安全运行和环境限制，确保货舱结构和配件损坏的风险降至最低。

（2）货舱内有静态集聚货物或货物/水混合物，可能形成带静电的雾。

（3）压力/真空阀有可能会因为舱内液货运动所出现的货物蒸气空间产生压力波动而打开。

（4）过早地激活高位警报并关闭任何关联的装置。

（5）优化每艘船舶的装载/卸载计划，以尽量减少自由液面影响，特别是在海上进行 STS 过驳作业时。

5. 配员

过驳作业的系解缆操作对时间要求较为严格，系解缆人员数量必须满足系解缆操作的要求，系解缆船员数量不足往往是导致船舶发生碰撞的重要原因。一起在恶劣天气情况下发生的事故中，负责解系缆的船员在船舶一头释放缆绳后，又赶往另一头释放缆绳，导致受载船系靠在卸载船上的时间延长，最终发生碰撞。

6. 工作船

过驳过程中，工作船扮演着十分重要的角色，不仅要在过驳前进行布置并系固碰垫，还需要在过驳期间进行维护值班，随时听从过驳指挥人员的安排。工作船需要将设备和人员运送到过驳地点，并协助准备船舶进行操作。待操作船舶旁靠系泊后，工作船仍需要留在现场，协助确保操作安全。

在很多过驳作业中，工作船可以由拖轮担任，拖轮在靠泊、离泊期间可以辅助保持船舶姿态，协助靠离泊作业，具有过驳作业经验的拖船往往可以为过驳安全提供较好保证。

7. 船舶通信

船舶间应保持良好通信，这对于成功的 STS 过驳作业至关重要。开始过驳作业前应明确确定和测试通信方式，包括备用系统和应急通信程序。船舶间应尽早建立初始沟通，以便计划安排作业并确认过驳区域。

此外，船舶间的通信语言也十分重要。两船在过驳操作开始前，应就通用通信语言达成一致，以确保所有船舶能够充分通信，始终保持安全的操作标准。如果语言沟通存在问题，应暂停操作，直到存在问题的船舶上有能够熟练掌握共同语言的合格人员出现为止。

8.3 过驳作业计划

为了防止船舶过驳期间污染海洋事故的发生，每一艘船舶在进行过驳作业前，应参照 IMO 过驳操作指南制订详细的过驳作业计划。涉及油类货物的所有适用操作应满足《国际防止船舶造成污染公约》附则 I 第 8 章 "防止海上油船间过驳货油造成污染" 的要求，还应考虑将 STS 过驳作业计划的要求提供给参与货物 STS 过驳作业的其他船舶使用。船舶过驳一般包括抵达前计划、抵达、靠泊、货物过驳和驶离 5 个环节。

8.3.1 抵达前

1. 条件和要求

1）船舶兼容性检查

必须保证船舶在设计和设备上相互兼容，以便符合过驳计划中的各种建议，并保证系泊操作、软管操作和通信能够安全有效地进行。有关船舶的主尺度、干舷、管汇的位置、系缆点及碰垫的相关信息将提供给两船的船长，并将这些信息传送给卸货船或负责人，兼容性审查问卷应至少包括以下内容。

（1）船舶特性问卷表。

（2）符合 OCIMF/国际气体运输船和码头经营者协会（Society of International Gas Tanker and Terminal，SIGTTO）《气体船管汇推荐》的管汇布置、尺寸和数量。

（3）软管连接数量、管汇平台布置和结构。

（4）软管证书和不超过一年的定期检测报告。

（5）系泊布置、货物操作设备（克令吊）。

（6）允许的最大泵出/接收速率。

（7）货物过驳系统的偏移限制/许可操作范围。

（8）船舶平行舷体和碰垫。

（9）气体安全区。

（10）人员传送移动。

（11）静电放电（electrostatic discharge，ESD）系统。

（12）应急计划和应急程序。

（13）两船的货物温度和压力。

（14）货物过驳和压载计划。

（15）每艘船舶的处理蒸发气能力。

（16）氮气供应系统和惰性气体系统状态确认（如有）。

兼容性审查问卷应由接收船经营者提供，并提供给参与过驳的各方。

2）主管机关审批

组织者应参考过驳作业水域适用的国家和当地法规，以确定进行过驳作业所需的批准手续要求，还应该准备应急计划。一旦获得批准，负责人应向相关的主管机关报告。

3）过驳作业区

应根据有关当局规定，特别选择安全区域进行过驳作业。过驳作业区选址时应考虑的因素如下。

（1）报告并获得有关主管机关同意。

（2）两艘船舶在预期操作中的稳性和货物管理问题。

（3）气象和海况遮蔽条件，特别是遮蔽风浪和涌浪的条件。

（4）当前和未来气象条件预报。

（5）潮汐情况。

（6）与海上设施的安全距离。

（7）指定过驳区域的可用性。

（8）航行过驳时，应有足够海域以满足船舶的正常漂移或流动。

（9）应有足够海域和水深，以满足靠泊和离泊期间的操纵。

（10）海底管道、光纤、人工礁、历史遗址的位置。

（11）选择良好且抓力足够的安全锚地。

（12）通航密度。

（13）紧急情况和气体泄漏响应能力的可用性。

（14）距提供岸基后勤保障的距离。

（15）保安威胁。

4）气象条件及气象预报

应根据港口规定或兼容性审查时确定的气象和环境条件进行过驳作业，实际环境条件超过预定标准时，船长应立刻报告公司。双方船长和总负责人应根据现场情况进行必要的风险评估，并根据评估结果共同决定是否终止靠泊或过驳作业，以及选择扫线拆管和解缆离泊时机等决定，或采取其他必要的措施（如增加缆绳、起锚等）。对于 LNG 船舶，应在持续风力达到 8 级或浪高达到 5 m 前离泊，同时应考虑货舱液位装载达到海上航行许用装载率所需的时间。

过驳作业必须注意在下述天气条件下完成过驳。两船均有义务采用一切必要手段（气象导航管理、气象传真、NAVTEX、EGC 等）跟踪天气系统和监控天气预报。此外，过驳服务提供商和/或过驳组织者应提供包括波浪周期、波高、风速、能见度和其他气象现象的详细气象预报数据，这将给过驳作业的安全性和成功完成带来极大的帮助。天气预报为期四天并通过电子邮件发送给作业船舶。过驳服务提供商和/或过驳组织者应至少在过驳作业开始前两天发出天气预报并保持每天两次，直至过驳作业完成。

2. 通信

1) 抵达前

过驳作业的基本要求之一是作业船舶之间保持良好的通信。船舶应尽早建立初始通信，以计划作业和确认过驳区域。和主管机关的例行通信程序取决于现场，作业各方应与过驳服务提供商和当地代理联系，以获得关于信息交换程序的最新准确要求。

卸货船应自装货港启航时，通知接收船并告知抵达过驳区域的预计时间。通知中应包括液货质量证书副本、液货温度和货舱压力。船舶需每天更新液货舱的平均液体温度和绝对蒸气压力。在到达前的 96 h、48 h、24 h 和 12 h 应各更新一次预计到达时间。到达前 24 h 通知应包括船舶的所有已知缺陷和所有必要信息，以及所有已完成测试项目。接收船应确认收到信息，并将相同的信息发送至卸货船。

在过驳前的预备会议上，应确认通信系统和后备通信措施；在进入下一阶段操作之前，相关过驳检查表应由两艘船舶共同完成并签字。

2) 抵靠、系缆和离泊期间

开始抵靠前，两艘船舶均应已完成相关检查表中的内容并确认无误。负责系泊站的驾驶员应配备便携式对讲机。每艘船上的内部通信频道应和他船联系所用频道分开，以避免多船操作时的误解。此外，所有对讲机在发送信息时应前置船名。在港口进行操作时，可能需要与其他各方进行沟通，如港口当局、码头、引航员、拖船和带缆工等。

3) 货物过驳作业期间

在货物过驳期间，重要人员应始终拥有可靠的共同通信方式，包括一个约定的备用系统，还应有可用的备用对讲机和电池。如需要时应提供带有备用电池的两台便携式对讲机以传递信息至卸货船。

在过驳期间，货物统计数据应按约定的时间间隔（通常为每小时）在两船间进行信息交换和日志记录，如因其他原因需暂停操作一定时间，应约定下次通信时间。在整个过驳作业期间，驾驶台值班应保持监听公共 VHF 频道。所有相关事件的时间日志应由驾驶台的值班驾驶员和货物控制室值班者记录。

4) 通信失败时的处理程序

如果出现通信故障，应暂停所有操作，直至采取纠正措施并得到总负责人和船长的确认。如果在抵靠操纵过程中出现通信故障，应在确保安全前提下中止靠泊操纵。各船应按《1972 年国际海上避碰规则》第 34 条所规定的声号进行后续行动。

在抵达前，应按两船约定的共同应急信号和响应计划，对应急信号进行测试。如果在货物过驳期间通信中断，应鸣放紧急信号，在确保安全的前提下立即暂停所有正在进行的操作。在重新建立完好通信前，禁止恢复操作。

3. 设备

1）碰垫

主碰垫和辅助碰垫应为充气式，按照 ISO 相关标准或其他相关标准制造、测试和维护。在《石油、化学品和液化气体船对船过驳指南》中，以表格形式详细说明了碰垫数量和尺寸要求，并包括强烈建议，应咨询设备制造商、碰垫租赁公司或过驳服务供应商，以确定特定操作所需的碰垫尺寸和数量。

系泊作业开始前，应提前检查碰垫的系固（悬挂）是否正确。系固碰垫是一项非常危险的操作，在操作开始前必须进行风险评估。参与系固作业的所有船员必须得到关于其个人和整个团队职责的明确操作指导，负责人员必须确保已完全理解上述操作。必须向船员提供安全预防措施的指导并强调操作过程中需要极其小心。操作人员必须正确穿戴个人防护装备。

2）软管

在过驳作业中使用的软管应根据载运货品和使用目的而专门设计制造，在供船时应检查它们是否适合预期用途。应对每次过驳作业的软管长度分别进行考虑，建议软管长度取两船管汇高度差的两倍，以应对过驳期间的各种复杂情况。

最大软管尺寸可由船上起重设备和管汇能力决定。LNG 船过驳时通常采用的是复合型软管，应谨慎操作并使用合适的软管支撑件，特别是软管上靠近端部配件部分应得到良好的支撑，以防止过度弯曲使螺旋线移位，从而导致软管破裂或塌陷。

软管长度、额定压力和流速，软管连接、检查和标记的要求，可参考 OCIMF《石油、化学品和液化气体船对船过驳指南》第 9 章 9.2.2 节、9.2.3 节和 9.2.5～9.2.7 节，以及 OCIMF《船对船过驳软管的操作、储存、使用、维护和测试指南》（2021 年 5 月第一版）。

3）系泊设备

参与过驳作业的船舶应配有合格的系泊缆绳、高效的绞车、布置良好且坚固的闭式导缆孔、带缆桩和其他相关系泊配件，并对绞车刹车片做定期全面的测试以确保其正常运行。导缆器和系缆柱的尺寸、标记和发证应满足 OCIMF《系泊设备指南》的相关要求。由于过驳时两船的干舷会发生变化，必须使用闭式导缆孔以确保对系泊缆的有效控制。导缆孔应足够大，以便系泊缆（包括尾索和卸扣）能顺利穿过。过驳作业不得使用开式导缆器和制动杆式的闭式导缆器。

通常船舶按标准配置的系泊缆适用于过驳作业。如船舶配置为钢丝缆或高模数合成纤维缆时，还应对这些缆绳安装柔软的尾索，以便满足弹性要求，并能在紧急情况下被切断。所有系泊站都应配有一把锋利的长柄斧头或者其他合适切割设备。

8.3.2 抵达

1. 船舶准备工作

在过驳作业前，两船的船长和总负责人应在操纵开始之前做好如下准备工作。

（1）审查特定操作的风险评估及适用的操作联合计划，确保所有预防措施和缓解措施得到执行。

（2）确保熟悉本过驳作业中包含的程序，以及船舶操作者或组织者发布的任何指令。

（3）确认船舶遵守"安全检查表清单"中的要求。

（4）对船员进行程序和危险的培训和简要介绍，尤其是系泊和离泊。

（5）确认操舵装置、所有航行和通信设备处于正常工作状态。

（6）测试机器和推进器控制系统，主推进装置已经过正倒车试验。

（7）测试必要的货物和安全设备。

（8）确保在螺旋桨完全浸没情况下每艘船都保持正浮状态且适当纵倾。如有一船横倾，应考虑安全间距受到影响的可能性。

（9）根据约定的系泊计划，准备系泊设备（包括引缆）。

（10）确保碰垫和过驳软管按操作联合计划正确地定位、连接和固定。

（11）对于专用过驳船，确认碰垫吊架处于收起位置。

（12）准备货物管汇和软管吊装装置。

（13）获取过驳作业期间作业区域的天气预报。

（14）确认当约定的紧急信号响起时应采取的行动。

（15）确认相关的操作前安全检查表已完成。

（16）在过驳作业期间，航行信号显示和声号使用应满足《1972年国际海上避碰规则》。

（17）根据《国际船舶和港口设施保安规则》的规定，确认船舶运行的保安级别，并确保船上正在进行的操作要求合规。

2. 两船信息交换

过驳作业船舶应进行信息交换，具体如下。

（1）系泊布置。

（2）拟装（卸）货物的数量和特性，以及任何毒性成分的说明。

（3）货舱装（卸）货顺序。

（4）货物过驳系统的详细资料、货泵数量和允许的最大压力。

（5）操作期间的货物过驳速率（开始时、最大时和平舱时）。

（6）卸货船在驳运作业开始、停止，以及为货舱平舱而切换卸货速率所需的时间。

（7）正常停止和应急切断程序。

（8）作业期间的预计最大吃水和干舷高度。

（9）压载水和污油舱的分布、数量及处理（如适用）。

（10）对货舱通风、惰化的方法及细节。

（11）发生气体泄漏事故时的一系列应对措施。

（12）确认操作的关键阶段。

（13）值班或轮值安排。

（14）环境和操作限制可能将引发的船舶过驳作业的暂停、拆管和离泊计划。

（15）适用于过驳作业的当地主管机关或政府规定。

（16）对货物软管的连接、监控、排干和拆管的协作方案。

（17）离泊计划。

8.3.3　靠泊

对于右旋单螺旋桨船舶，建议操纵船以左舷向艏向恒定船或锚泊船的右舷驶近和靠泊。如操纵船为双螺旋桨或其他形式推进器，可在一般性原则前提下采取更适合本船特性的操纵程序和措施。

8.3.4　货物过驳

过驳前预备会（最好在卸货船上）举行，会议应由两船上的人员代表组成（至少包含两船负责货物的船员）。两艘船舶的船长可在开始连接软管前召开预备会，如果双方船长同意，可在过驳前预备会的期间连接软管。预备会文件中应包含过驳程序的关键因素并涵盖所有需商定的问题。

谨慎地制订装/卸货的各个阶段计划是至关重要的，拟定的顺序应确保船上货物处于晃荡危险区的时间严格控制在最短。在过驳前预备会上应讨论卸载顺序的各个阶段，届时两船应证实船舶满足上述要求且中间步骤的稳性和强度在可接受范围内。过驳前预备会应最终确定货物过驳速率和应急计划的相互兼容问题。随后两船应同时进行船上时钟的时间检查和同步，并予以记录。整个货物过驳期间，卸货船和接收船均应在管汇区安排一位负责人，观察软管并检查是否泄漏。此外，整个过驳期间，应将一位配有手持式对讲机的负责人派驻在卸货船的货泵站附近(或卸货船的货物集控室)，以采取必要行动。

当两船系妥后，在货物过驳开始之前，各船上负责货物操作的人员之间应建立良好的通信联系，并确保过驳前检查内容圆满完成。船舶过驳前检查内容如下。

（1）两船系妥。

（2）两船间的通信有效可靠。

（3）已约定紧急信号和停止信号。

（4）软管紧密地连接于两船管汇。

（5）软管、软管衬垫和支架的状态和位置正确。

（6）如采用法兰连接，接合处已上齐螺栓并以垫片密封，以确保气密。

（7）不使用的货物和燃油管接头应盲断。

（8）在管汇处配有对软管进行快速分离所需的工具。

（9）关闭并检查所有可能排油出海的阀门，并应密封过驳时不用的阀门，以防止被意外打开。

（10）甲板排水孔应堵住。

（11）在软管连接处下方设有空集液盘及集液盘排放装置。

（12）船上备有适用于处理气体泄漏的材料和工具。如管汇区域有附加的水槽（临时或固定式的）置于管汇下方。

（13）船头和船尾系泊站的消防斧或合适切割设备应就位。

（14）过驳过程中保持机舱值班且主机随时可用。

（15）安排驾驶室值班和/或者锚泊值班。

（16）已明确负责货物过驳的高级船员，并张贴其详细信息。

（17）安排甲板值班，应特别注意系缆、碰垫、软管和管汇的完整性。

（18）在过驳作业期间，各船负责人能正确理解指令和信号。

（19）确认完成过驳相关检查清单。

8.3.5　离泊

两船离泊应制定严格的检查和准备制度，类似于之前的靠泊。

1. 离泊检查

过驳船舶离泊需要经过严格的检查，确保离泊安全，具体检查事项如下。

（1）应清除船上位于货物过驳一舷的障碍物，包括吊杆或克令吊。

（2）双方已约定脱离和释放系泊缆的方案。

（3）检查碰垫（包括其拖缆和系缆）处于良好状态。

（4）绞车和锚机处于立即可用状态。

（5）所有系泊站均应备妥引缆和止缆器。

（6）所有系泊站均应备妥锐利的消防斧或切割设备。

（7）各船舶之间的通信应确认。

（8）系泊人员应建立通信。

（9）系泊人员应被告知仅在得到指令后才能解缆。

（10）应检查周边通航情况。

（11）相关检查表应填写完毕。

2. 离泊解缆程序

离泊时应特别小心，避免两船碰撞接触。离泊解缆有多种方法，常用方法和顺序如下。

（1）松开来自卸货船的所有缆绳。

（2）接收船船员松开前倒缆。

（3）松开尾缆。

（4）松开首缆，允许船首摆动。

（5）艏向恒定船（卸货船）的艏向随着首缆的解开而调整，并稳定在一个相应的方向上。

（6）两船船首分离。

（7）船尾船员按顺序松开后倒缆。

（8）最后操纵船驶离。

解缆顺序可根据天气情况和/或系泊船长的决定而改变，但在解缆前应将任何改变通知两船。

8.4 过驳靠泊、离泊操作方案

8.4.1 锚泊过驳靠泊、离泊方案

1. 锚泊过驳靠泊

对于单船锚泊操纵，锚泊船应使用拟系泊操作相反一侧的锚将船锚泊于预定位置。只有当锚泊船已锚泊并在当时的风和流作用下达到稳定朝向后，才能开始靠泊作业。

锚泊船的船长应考虑采用一个锚能够系住两艘船舶。在深海处抛锚且使用加长锚链时，锚泊船长应确保在作业完成后，锚机能够绞回锚链和锚。

操纵船对锚泊船的靠泊方法类似正常码头靠泊。组织者应进行一次风险评估以确定使用拖船协助操纵船的必要性。

应保持谨慎观察锚泊船的朝向。如有任何艏摇（偏荡）的趋势，应立即通知操纵船，如出现船首摆动幅度过大的趋势，则应使用拖船使锚泊船保持稳定的朝向，如没有拖船协助，应考虑推迟靠泊作业。

在过驳作业受限区，尤其是有拖船协助或操纵船装有艏推进器时，可优先采用锚泊操纵方式。如果风和流方向不一致（如横向受到海流作用），或风速和风向变化，锚泊船舶可能会艏摇，使操纵船难以靠泊。此外，由于干舷和吃水不同，两船会受到不同影响。在这种情况下，可使用拖船协助以保持锚泊船在靠泊过程中的朝向稳定。可由经验丰富的过驳监督人负责此类作业。但是，在潮汐流即将变化时不应尝试靠泊。

当靠泊锚泊船时，一些船长建议采用比航行靠泊更大的抵靠角度。尤其在没有拖船情况下，采用大角度抵靠能防止因锚泊船不可预见的艏摇而导致的两船过早触碰。当向锚泊船系缆时，应注意不应过快地将锚泊船拉向操纵船。

2. 锚泊过驳离泊

完成锚泊过驳后，在正常的潮流和天气条件下，可在艏向恒定船保持锚泊时进行离泊。由于某些情况不可预测且评估困难，对于一船锚泊的离泊操作，应由具有丰富过驳操作经验的人员进行，且考虑使用拖船协助离泊，尤其预计锚泊船会发生艏摇时。在潮流转向期间不应进行离泊。根据总负责人对天气和海流情况的判定，如必要，艏向恒定船应起锚，并且进行航行中离泊。

8.4.2 航行过驳靠离方案

1. 靠泊操作

一般地，两船中较大船舶以较低速度（通常约 5 kn）保持稳定的航向航行，应以当时的环境和判断来选择适当的航向，并考虑过驳作业区域和环境条件限制的相关要求，操纵船舶靠泊。航行过驳靠泊示意图如图 8.9 所示。

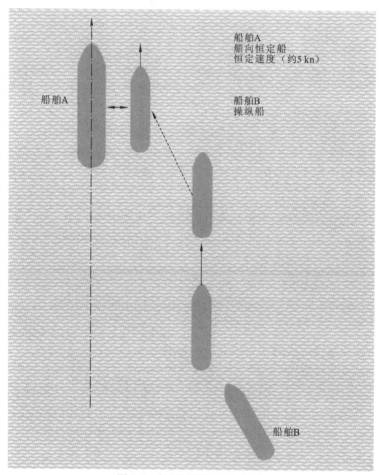

图 8.9 航行过驳靠泊示意图

靠泊操作应考虑船舶的操纵特性。例如，当机动操纵船配备右旋螺旋桨，则在航进时，受横向推力的影响通常会要求机动操纵船的左舷去抵靠艏向恒定船右舷。通常的方法是机动操纵船在艏向恒定船靠泊侧的艉胯向艏向恒定船抵靠。当进一步接近时，机动操纵船应在与当时条件相适应的安全距离时平行于艏向恒定船的航向，然后相对于艏向恒定船的管汇处于正横状态时，以平行方式进一步抵靠艏向恒定船。通过使用适当的舵角和推进装置减小两船间距离，始终保持两船管汇位置正横，直到平行接触碰垫，此时两船以相同的速度在水中航行。

尽管每个船长在系靠船舶时都有其自己的独特经验，但下述要点应予以注意。

（1）应顶流或接近顶风顶流。

（2）驶近（靠拢）角度不宜太大。

（3）两船应以同一速度并在没有倒车的状态下平行靠拢系泊。

（4）在靠泊作业中，当两船尾部接近时，应预料到相互作用的影响并做好相应准备工作。

（5）当双方商定系泊计划时，应考虑离泊时的方便。

（6）两船船长应始终做好在必要情况下中止操作的准备。中止操作的决定应在时间非常充足，且局面仍在控制的状态下做出。两船各自采取的行动应立即告知对方船舶，并应符合《1972年国际海上避碰规则》的相关要求。

（7）各船始终有责任保持瞭望，在锚泊时应始终观察锚泊情况。

（8）保向船（卸载船）就进行抛锚操作时所做出的任何主机和舵的操作，应告知受载船。

（9）从受载船系靠完毕，缆绳全部带好时起，到卸载船抛锚时止，卸载船承担其间的两船安全航行的责任。

（10）在夜间进行靠泊或抛锚操作时，非必要的灯光应关闭，并应保持雷达和目视的连续瞭望。

在系靠结束后，卸载船可驶向经双方协商同意的抛锚位置进行抛锚操作。在驶入期间，采用正舵或使舵角指向卸载船。应强调的是，为防止因倒车而导致受载船难以进行控制，卸载船不宜使用高速或长时间倒车。此外，卸载船抛锚时，应使用非系泊舷侧的锚。

2. 离泊操作

在航行中进行过驳作业，协助两船分离的措施包括以下两点。

（1）操纵两船组合体，使较大干舷船舶位于下风位置。

（2）在风力很小或无风时，操纵船舶迎流，以助力船首分离。

为减少船舶间的相互影响（船吸现象），应保持适应当前天气条件下的最低航行速度。所有系泊缆应保持绞车刹牢，直至收到船长指令方可合上绞车离合器。

离泊时应谨慎操作，避免两船接触碰撞。应根据当前天气条件制订单次适用的解缆顺序计划。解缆顺序应确保解掉的缆绳不会影响螺旋桨。应全程密切监控缆绳的受拉情况和每个碰垫的受压情况。

迎风、迎浪有助于船舶分离。当两船船首张开分离时，应密切监控两船船尾的间距和最后一个碰垫的受压情况。机动操纵船应避免近距离穿越另一艘船的船头前方。在机动操纵船离开之前，航向恒定船不应独自进行机动操纵。

注意，当作业地点条件或船舶配置导致两船分离困难时，应考虑其他替代的离泊措施。

8.4.3 FPSO 过驳靠离方案

1. 提油船在航

当提油船在航时，应考虑下述因素[1-2]。

（1）主机控制和舵装置、所有的航行及通信联络装置均处于正常工作状态。

（2）指定熟练的舵工操舵。

（3）通过主机转速或螺旋桨螺距控制速度。

（4）驾驶台与各带缆队之间及两船之间应有有效的通信联络装置。

2. 减速、淌航

大型提油船进入过驳作业区应减速、淌航，并提前做好准备和进行操作，其减速、淌航的时间视具体情况而定。一般应在 10 n mile 外就淌航试车，然后再以缓速进入过驳作业区（表 8.1）。此时由于速度经试车后得到控制，可利用其反应慢的特性，用短暂的进车提高舵效，这样有利于控制船舶到达预定的位置。

表 8.1　船速与距离关系表

项目	距目的地剩余航程				
	10′	7′	5′	3′	0.5′
应发出的换车命令	备车	进二	进一	停车	停船
换车的船速/kn	—	12	8	6	—

3. 接近和靠泊

根据当时当地的风和潮流情况，FPSO 在拖轮的作用下，处于对水静止状态，以利于提油船靠泊。提油船在顶风顶流接近 FPSO 时，船首准备好碰垫，上撇缆，引首缆，在拖轮协助下，靠近 FPSO。

4. 系泊操作

提油船适当用车用舵，配合绞缆，在拖轮的作用下，缓慢接近 FPSO，当两船首尾接近成一线时，缆绳挽牢，船舶系靠结束。

应强调的是，为防止因倒车而导致提油船偏航，难以进行控制，应充分利用拖轮摆正船舶的位置。

5. 离泊作业

（1）完成过驳。外输监督应仔细监督过驳作业的进度，并估计出过驳作业结束前两小时的时间。提油轮如需要可以要求降低输油速度，外输监督将回应提油轮的请求，逐步降低输油速度直至过驳作业完成。

（2）输油软管解脱。过驳结束后，装载/系泊船长应监督输油软管的解脱工作，软管随后由拖轮拖走。

（3）离泊。过驳作业完成后，应立即松开摩擦链，提油轮倒车时解开引导缆。确认碰撞危险不存在后，拖轮将离泊。完成提油作业相关文件并交给 FPSO。如果文件准备工作延迟，提油轮继续前往等待区域（专业锚地）直至文件完成。

（4）非正常离泊。提油轮船长在下列情况下接受引水和系泊船长的指令进行非正常离泊：①天气状况不符合过驳作业要求；②过驳作业中 FPSO 或提油轮设备损坏待修理。

提油轮应尽可能地按照正常的离泊程序进行离泊。及时做出离泊的决定，按正常步骤进行离泊作业是非常必要的，这样可以避免在可预见情况下进行紧急离泊作业。

8.4.4 LNG 过驳靠离方案

1. 操作前准备

1）准备工作

接近过驳作业区前，两船船长应确认连接点位。下面列出并做好必要的准备。

（1）检查主要 LNG 输送设备和安全装置的测试结果。

（2）通知并使船员熟悉系泊和起锚工作方法及相关风险。

（3）舵机、导航设备、通信设备工作正常指令。

（4）进行主机试验，确保倒车/前进操作正常。

（5）两艘船都是直立的，它们的纵倾是适当的。

（6）根据系泊平面图布置系泊设备和缆绳。

（7）挡泥板和 LNG 输送软管/臂连接并固定在正确位置。

（8）歧管和软管处理材料已准备就绪。

（9）已获取码头或海域的天气预报和海况状况。

（10）船舶按照《国际船舶和港口设施保安规则》及安全等级进行操作。

（11）甲板灯和聚光灯（如有提供）处于工作状态。

（12）所有要求的通风设备均处于运行状态。

（13）气体检测装置工作正常。

（14）灭火系统已经过测试，喷水已准备就绪，需要时可立即使用。

（15）防护装备已经过测试，如有需要可立即使用。

（16）呼吸器气瓶已满，需要时可立即使用。

（17）除授权的燃料站人员外，其他人员不得进入。

（18）除船长批准的工作外，其他工作不在燃料站进行。

（19）确认两船储罐中 LNG 的数量和性质。

（20）储罐安全阀处于适宜的工作状态。

（21）通风系统的防火屏或类似装置安装正确，且不阻碍气体的输送。

2）号灯和号型

在 STS 过驳作业中输送液化天然气时，应使用《防止海上碰撞法》《中华人民共和国海上交通安全法》《应使用船上危险货物运输和储存条例》等要求的号灯、号型和声号。在 STS 过驳作业中进行 LNG 转移操作之前，应确认这些号灯和号型已准备就绪。

2. LNG 船舶靠泊

在过驳作业中，经常有一艘或多艘船舶向已系泊于码头的一艘船舶靠泊。这种情况也称为两舷并靠过驳作业，如图 8.10 所示。对于未进行过两舷并靠操作的码头，在进行此类作业前，应进行工程技术分析和风险评估，并制订正式的操作程序和安全计划。在有关各方约定两舷并靠操作方案之前，应考虑以下几个问题，并达成一致意见。

图 8.10　两舷并靠过驳作业

（1）安全抵达和离开程序。
（2）泊位完整性，包括与潜在载荷相关的护舷板、系泊设备等。
（3）人员通道，包括所有相关船舶上人员的紧急逃生通道。
（4）操作安全管理。
（5）相关方的角色和责任。
（6）应急计划、消防计划和紧急离泊计划。

系泊于码头船舶的船长应知道其船舶和傍靠船舶的总排水量，系泊布置应足以承受预期载荷；应考虑系泊时缆绳需求量和带缆作业可操作性。在码头系泊的船舶可提供船员接收和系固缆绳，但不能因此而影响任何正在进行的货物操作的安全。当地港口可能要求带缆人员持证操作，这些都应在操纵开始前安排布置妥当。

3. 系泊程序

当停泊的两艘船发生较大位移时，连接两艘船的 LNG 输送臂/软管很可能会损坏。为此，应努力保持适当的系泊。通常，系泊要求是由 LNG 船的总责任人在考虑天气和海况后确定的。LNG 船的典型船对船系泊布置图如图 8.11 所示。

（1）调整系泊绳的张力。两船之间系泊绳的张力应避免过大或不均匀，因为特定系泊绳的载荷可能超过 SWL。因此，在 STS 过驳作业中输送液化天然气时应特别注意，使系泊绳不发生过度张力，尽量减少两船的位移或运动。干舷的相对变化也应在此阶段仔细检查。

（2）波浪的方向。两船锚泊时进行 STS 过驳作业时，在 LNG 输送过程中，当风浪或洋流方向发生变化时，两船的航向不迎风，可能会受到与航向不同方向的波浪。这种情况下必须小心，因为两艘船的振荡幅度将增加。如果从船舶的横向方向接收波浪，两艘船的振荡幅度往往会显著增加。

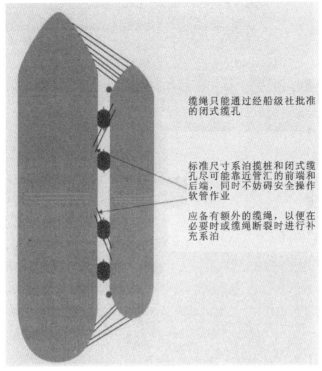

图 8.11　LNG 船的典型船对船系泊布置图

（3）长周期波浪。STS 过驳作业发生在受长周期波浪影响的海域时，两船的振荡幅度可能增大，需要特别注意。

参 考 文 献

[1] Kannah T R, Natarajan R. Hydrodynamics of external turret moored FPSO system. Journal of Marine Sciences, 2007, 14(1): 145-147.

[2] Huang W B, Moan T. Combination of global still-water and wave load effects for reliability-based design of floating production, storage and offloading (FPSO) vessels. Applied Ocean Research, 2005, 27(3): 127-141.

第 **9** 章

渤海海域超大型船舶关键技术应用

9.1 渤海海域简介

9.1.1 水域范围

渤海由北部辽东湾、西部渤海湾、南部莱州湾、中央浅海盆地和渤海海峡5部分组成，面积约7.8万km²，海岸线长3784 km，平均水深18 m，渤海海峡口宽59 n mile，有30多个岛屿，其中较大的有南长山岛、砣矶岛、钦岛和皇城岛等，总称庙岛群岛或庙岛列岛，其间构成8条宽狭不等的水道。

本章研究的海区为辽东半岛南端老铁山西角至山东半岛北端蓬莱角连线以西海域，该海区分别由河北海事局、天津海事局、辽宁海事局和山东海事局管辖。

9.1.2 自然条件特征

1. 气象条件

参考英国海军水道测量部出版的 *Ocean Passage for the World* 的相关统计数据，以营口、天津、龙口三个观测站点的数据，分析渤海海域气象条件特征。

1）气温

渤海海域每年的11月至翌年4月盛行北向大风，平均风速为6~7 m/s，最大风速可达30 m/s。春季多偏南风，南向和西南向各占20%，北向和西北向仍有出现，频率为15%左右，平均风速为4~6 m/s。夏季海区上空盛行偏南季风，以东南向较多，频率约为20%，其次是南向和西南向。大风多随台风和大陆出海气旋而产生，风力可达10级（24.5~28.4 m/s）以上，且常有暴雨和风暴潮伴生，是夏季的主要灾害性天气。秋季（10月）已经盛行冬季风，月平均风速为5~6 m/s。据多年统计资料表明，影响该区的热带气旋平均每年一次，热带气旋7~8月最多，可占总数的90%，其次是6月和9月。

该海区气温除具有纬度差异外，还具有海陆之间的温差，变化比较缓和，由南向北和由西向东递减，每年平均气温8~10℃，1月平均气温为-8~-6℃，7月平均气温为22~24℃，夏季整个海区海水温度平均在28℃以下，海面上的气温不高，只有海面上较长时间吹来陆风时，沿岸海面的气温才会升高至30~35℃。冬季则由于强劲的冷空气的侵袭，气温可降到-15~-10℃。

2）风况

渤海海区具有明显的季风特征，冬季风自10月盛行到来年3月，盛行期约6个月，主要是偏北风，其中又以西北风为主，风向稳定，风力较强；夏季风的盛行期为5~8月，7月、8月为夏季风的极盛时期。风向偏南，以东南风为主，风向不很稳定，风力较弱，由于地理条件的原因，东南季风的特征不甚明显。冬季、夏季风期之间各有一个过渡期，由冬到夏的过渡期稍长，由夏到冬的转变则比较快。

超大型船舶可利用以上特点，尽可能选择下午进出渤海海域，降低大风天气对船舶通航的影响。渤海年平均出现 8 级以上大风天气的天数为 70 天以上，主要集中在渤海海峡至龙口一带。需要注意的是，渤海在冬季经常出现 9 级及以上大风，严重危及船舶航行安全。

3）雾况

海雾是影响渤海海区能见度的主要因素。渤海海区 3~7 月为雾季，海雾开始出现于 3 月，个别年份 2 月也有出现，以后逐渐增多，6 月、7 月最多，年平均雾日为 20~24 天。

2. 水文条件

1）水深

渤海属大陆架浅海，平均水深 18 m，90%的海域水深不足 30 m。最大深度在渤海海峡北部，为 80 余 m。海底地形从北、西、南三面向中央及海峡微倾，坡度极缓。邻近辽东半岛南部的海域，受潮流影响，沙脊群广泛分布。渤海有三个大海湾：辽东湾位于北部，以辽宁省六股河口至辽东半岛长兴岛连线为其南界，东侧深，西侧浅，最大水深30 余 m；渤海湾位于西部，以滦河口至黄河口连线为其东界，西部水深小于 10 m，有中国最宽的潮间带；莱州湾位于南部，以黄河口至龙口屺姆角一线为其北界，大部水深10~15 m。中央海区呈四边形，水深 20~25 m，是渤海较浅的部分。

老铁山水道—天津港、老铁山水道—营口港最小水深约为 24.5 m。老铁山水道—天津港最小水深位于 120°00′E，38°40′N 附近，老铁山水道—营口港最小水深位于辽东浅滩处。

2）潮汐

渤海海区的潮汐受太平洋潮波的影响，形成左旋潮汐系统，潮波向左旋转一周约12 h。因为水深较浅，沿岸多河流、港湾和岛屿，所以潮汐情况较为复杂。自辽东半岛的南端至辽东湾西岸的团山角、渤海湾的大清河口至塘沽、大口河口至莱州湾的龙口等沿岸均属不正规半日潮；娘娘庙附近、大清河口至人造河口等沿岸为不正规日潮；新立屯至秦皇岛港沿岸为正规日潮；塘沽以南至大口河口、龙口至蓬莱等沿岸为正规半日潮。个别地区受地形影响，如龙口港外浅滩大，坡变缓，当冬季遇东北强风时，低潮延迟 3~4 h，故有类似一日潮的现象。

受港湾、岛屿的影响，渤海海区的潮差变化也比较复杂。在秦皇岛以东和黄河口东北，形成了两个无潮点，潮差很小，但越向外潮差越大。以辽东湾沿岸的平均潮差最大，如营口为 2.5 m，葫芦岛为 2.1 m；渤海湾次之，如塘沽为 2.5 m，其余沿岸均小于 2.0 m，秦皇岛和龙口分别为 0.8 m 和 0.9 m。此外，渤海湾沿岸、莱州湾沿岸还是风暴潮较多的海区。

3）潮流

渤海存在几个强潮流区和几个弱潮流区，强潮流区分别在渤海海峡、黄河口至渤海湾中部和辽东湾的东部，弱潮流区分别在几个湾顶及秦皇岛外海至莱州湾的带状区域。渤海平均潮流流速为 0.2～0.8 m/s，最小潮流出现在莱州湾顶，最大潮流出现在渤海海峡北部老铁山水道，流速约 0.73 m/s。涨潮时，海水从渤海海峡北部进入，有一小部分直接从海峡南部流出，其余的流向辽东湾和渤海湾，流速约为 0.5 m/s，在老铁山水道流速较大，约为 1.5 m/s；从表层至底层流向一致，流速逐渐减小。落潮时刻，表层流整体上从渤海底部流向渤海海峡，在莱州湾附近流向岸界，流速约为 0.5 m/s，沿岸流速较大，尤其在老铁山水道转弯处流速约为 1.5 m/s；中层流流速与表层流流速相差不大，而低层流流速稍慢。

渤海由于水浅、海流弱，潮流的作用明显，一般在近岸及海峡、水道、港湾等狭窄处，因受地形限制多为往复流，而在外海则多为回转流。流速一般约为 1～2 kn，葫芦岛、秦皇岛附近为 2.5～3.0 kn，而老铁山附近最大流速在近岸可达 6.25 kn。

表 9.1 给出了两条深水航路上的 7 个海流测速点的坐标。

表 9.1　两条航路 7 个测速点坐标

测速点	坐标
1#	38°41′53″N，119°46′26″E
2#	38°48′00″N，118°45′12″E
3#	38°49′37″N，118°32′10″E
4#	38°50′46″N，118°21′04″E
5#	38°52′30″N，118°11′53″E
6#	38°54′30″N，120°41′36″E
7#	39°40′42″N，119°51′42″E

4）海浪

渤海海区的波浪主要受季风控制，冬季较大，夏季较小；风浪为主，涌浪次之；浪的波长和周期较短。1 月以西北浪为主，其浪向频率约为 30%，也是大浪频率全年出现最大值的月份，约为 25%。4 月偏南浪增多，大浪频率在 25% 以下。7 月以东南浪为主，大浪频率在渤海西部海区小于 5%。10 月出现 30%～40% 的偏北浪，大浪频率增加到 20% 以上。

渤海的风浪，秋、冬两季最大，浪高常有 2.0～6.0 m，当强大寒潮过境时，浪高有时达 3.5～8.5 m。春、夏两季风浪稍小，一般为 0.4～1.2 m，如有台风过境，浪高则可达 6.1～8.5 m。

5）冰情

渤海从 11 月中旬、下旬至 12 月上旬、中旬，由北向南逐渐结冰，持续到来年 2 月下旬或 3 月上旬、中旬，然后开始融化，逐渐消失，冰期约 2～4 个月。1 月至 2 月上旬、中旬为盛冰期。

6）风暴潮

风暴潮是由热带气旋（主要包括台风、强热带风暴和热带风暴）或温带气旋（寒潮）等灾害性天气引起的海面异常升高现象。按诱发风暴潮的天气系统特征来分类，风暴潮通常分为由台风引起的台风风暴潮和由温带气旋引起的温带风暴潮两大类。台风风暴潮多见于夏秋季节，其特点是来势猛、速度快、强度大、破坏力强，凡是有台风影响的海洋国家，其沿海地区均有台风风暴潮发生。温带气旋引起的风暴潮多发生于春秋季节，夏季也有时发生，其特点是增水过程比较平缓，增水高度低于台风风暴潮。渤海是一个向东开口的半封闭型浅海。当渤海及黄海北部出现强烈而持久的偏东大风时，海水便不断涌入渤海湾内，在山东省黄河三角洲及莱州湾一带形成风暴潮。风暴潮灾害已经成为影响社会和经济可持续发展的最为严重的自然灾害之一。

受强冷空气和黄海气旋的共同影响，渤海湾、莱州湾 2007 年出现了最强的一次温带风暴潮过程。从河北省秦皇岛到山东省威海沿海一带出现 0.8～3.5 m 的温带风暴增水；渤海湾和莱州湾为影响严重岸段，渤海湾出现 1.5～2.5 m 的风暴增水，莱州湾出现 2.0～3.5 m 的风暴增水。曹妃甸、京唐港、塘沽、黄骅、羊角沟和龙口潮位站先后出现超过当地警戒潮位的高潮位。

9.1.3　泊位、锚地特征

河北辖区的超大型船舶泊位主要分布在秦皇岛港区和京唐港港区，泊位性质为矿石、煤炭等码头；曹妃甸港区、秦皇岛港区和京唐港港区均建设有超大型船舶码头（表 9.2），超大型船舶锚地共有 5 处（表 9.3）。

表 9.2　河北辖区超大型船舶码头分布情况统计表

码头名称	码头等级/万 t	码头主要尺度		码头位置
		长/m	深/m	
304	10	409	16.5	秦皇岛港矿石码头
301	10	340	16.5	秦皇岛港煤三期码头
706	10	341.1	16.5	秦皇岛港煤四期码头
902、903、904	10	882	17	秦皇岛港煤五期码头
首钢矿石 1、2 码头	10	855	21	京唐港第四港池东端北岸
国投 32#泊位	10	265	15.5	京唐港第四港池西端北岸
煤炭港区 203#泊位	10	300	-14.7	煤炭港区二期码头最东端

表 9.3 超大型船舶锚地分布情况统计表

锚地名称	锚地位置	码头主要尺度		底质
		面积/km²	水深/m	
京唐港超大型散货船舶锚地	38°54′40.76″N，119°08′56.65″E 38°56′7.96″N，119°14′9.42″E 38°53′4.68″N，119°15′32.99″E 38°51′37.54″N，119°10′20.42″E	48	23～26	硬砂土/泥沙
京唐港大型危险品船舶锚地	38°51′40.24″N，119°15′56.90″E 38°52′23.62″N，119°18′33.67″E 38°50′21.20″N，119°19′29.17″E 38°49′37.74″N，119°16′52.67″E	16	25	硬砂土/泥沙
3 号大型散货船舶锚地	39°2′45.00″N，119°0′59.97″E 39°2′54.08″N，119°10′0.44″E 39°1′1.64″N，119°10′3.43″E 38°57′56.06″N，119°3′52.27″E 38°57′53.23″N，119°1′08.34″E	92	18.2～21.5	硬砂土/泥沙
6#临时锚地	38°39′36.78″N，118°23′12.53″E 38°40′56.88″N，118°26′12.34″E 38°38′35.88″N，118°27′54.44″E 38°38′0.24″N，118°26′34.36″E 38°38′13.88″N，118°24′12.68″E	25	16.8～19	泥质
秦皇岛港 10 万 t 级船舶重载锚地	以南山头灯塔为圆心和基点，分别以 15.4 n mile 和 16 n mile 为半径的两个圆弧、128°方位线，以及 10 万 t 航道东侧距该航道轴线垂直距离为 1000 m 的平行线所围成的水域	48	18.2～19.7	泥沙

天津辖区的超大型船舶泊位也逐年建设投产，目前主要有超大型船舶码头泊位 13 处（表 9.4），泊位类型涵盖集装箱、矿石和石油码头等；天津港目前已建超大型船舶锚地 1 处，曹妃甸港区大型船舶锚地也可供天津辖区超大型船舶锚泊（表 9.5）。

表 9.4 天津辖区超大型船舶码头分布情况统计表

码头名称	码头等级/万 t	码头主要尺度		码头位置
		长/m	水深/m	
太平洋国际	20	2300	16.0	东疆港区
汇盛码头公司 N35-36	10	625	15.7	东疆港区
第五港埠公司 G25-26	20	465	19.0	北疆港区
集装箱	12	910.2	16.0	北疆港区
五洲	15	1180	15.2	北疆港区

码头名称	码头等级/万 t	码头主要尺度		码头位置
		长/m	水深/m	
联盟国际	10	1100	16.0	北疆港区
欧亚国际	10	1100	18.0	北疆港区
南疆石化码头公司南 1	10 兼顾 15	488	18.8	南疆港区
南疆石化码头公司	10	308	13.8	南疆港区
煤码头公司南 9-10	15	1256	16.3	南疆港区
远航矿石码头公司	20 兼顾 25	820	18.6	南疆港区
神华码头公司南 13	15	365	19.6	南疆港区
实华原油码头公司	30	468	25.0	南疆港区

表 9.5 天津辖区超大型船舶锚地分布情况统计表

锚地名称	锚地位置	码头主要尺度		底质
		面积/km^2	水深/m	
10 万 t 级锚地	38°51′49″N，118°10′18″E 38°49′43″N，118°13′53″E 38°48′7″N，118°12′21″E 38°50′13″N，118°8′46″E	24.0093	16.0	泥底
天津港和唐山港曹妃甸港区大型船舶锚地	38°53′37.2″N，118°24′39.6″E 38°53′25.8″N，118°26′25.8″E 38°52′3.6″N，118°27′16.8″E 38°52′21.6″N，118°23′51.0″E	9.062	23.1～27.6	软泥

辽宁辖区超大型船舶泊位数量较多，泊位等级为 10～40 万 t 不等，其中有部分超大型船舶为造船船坞码头（表 9.6）；同时，辽宁辖区有 6 处超大型船舶锚地（表 9.7），锚地水深条件总体较好。

表 9.6 辽宁辖区超大型船舶码头分布情况统计表

码头名称	码头等级/万 t	长/m	深/m
新港 0 区	30	510	25.0
新港 1 区	20	421.3	17.5
新港 22 区	30	446.75	25.4
矿石大	35	—	—
矿石小	15	437.35	18.6

码头名称	码头等级/万 t	长/m	深/m
大洋 1#船坞	10	250	—
大洋 2#船坞	15	360	—
大洋-1	15	420	−9.5
大洋-2	15	670	−9.5
大洋-3	10	265	8.5
大窑湾-6	10	324	14
大窑湾-7	10	324	14
大窑湾-13	12	329.5	16
大窑湾-14	12	329.5	16
大窑湾-15	15	466	17.8
大窑湾-17	15	397	16
大窑湾-18	15	397	16
石油-3	10	351	13.5
中远船务-1	10	300	7.5
中远船务-5	12	330	−9
中远船务-浮坞 1	15	340	−12
中远船务-6	30	356	−10
中远船务-浮坞 2	30	340	−16
造船新厂-2	10	280	8
造船新厂-3	10	120	8
造船新厂 10 万 t 船坞	10	152	−7.5
造船新厂-12	10	270	−7.5
造船厂-8、9、10	30	570	−8
造船厂-11	30	360	−10
造船厂-船坞 1	30	400	−13
造船新厂-8	30	220	−7
造船新厂 30 万 t 船坞	30	370	−14.6

码头名称	码头等级/万 t	长/m	深/m
造船新厂-13	30	390	−7.5
造船新厂 20 万 t 船坞	20	550	−7.5
中远造船-1	30	420	12.6
中远造船-2	30	420	12.6
中远造船 1#船坞	30	700	—
中远造船 2#船坞	30	550	—
STX 海洋重工船坞	40	460	—
长兴岛 30 万	30	436	25
恒力石化-5	10	320	16
恒力石化-6	10	320	16

表 9.7 辽宁辖区超大型船舶锚地分布情况统计表

锚地名称	锚地位置	面积/km²	水深/m	地质
第一货轮锚地	38°57′N，121°46′E 38°57′N，121°41′E 38°56′18″N，121°41′E 38°55′N，121°46′E	18.023	8.3～17.8	泥质
外货轮锚地	38°55′N，121°57′30″E 38°55′N，122°2′E 38°53′N，122°2′E 38°53′N，121°57′30″E	16.116	28～33	泥质
大窑湾锚地	38°59′27″N，122°0′53″E 38°59′4″N，122°2′52″E 38°57′44″N，122°2′26″E 38°58′4″N，122°0′26″E	7.642	21～28	泥质
新港油轮锚地	38°55′N，121°59′E 38°56′48″N，121°59′E 38°56′48″N，122°2′E 38°55′N，122°2′E	19.246	26～33	泥沙

锚地名称	锚地位置	面积/km²	水深/m	地质
旅顺新港一号锚地	38°50′36″N，121°2′50″E	10.5	33~45	泥质
	38°50′36″N，121°4′45″E			
	38°48′12″N，121°4′45″E			
	38°48′12″N，121°3′42″E			
	38°49′46″N，121°2′50″E			
旅顺新港二号锚地	38°56′N，120°54′24″E	91.852	39~66	泥、贝
	38°56′N，120°58′48″E			
	38°48′12″N，120°58′48″E			
	38°48′12″N，120°54′24″E			

9.1.4　航路特征

1. 习惯航路

目前，渤海主要航线有 14 条，其中穿越油田所在海域的航线有 10 条。渤海主要航线包括秦皇岛—老铁山水道航线、天津大沽口—营口航线、老铁山水道—天津大沽口航线、黄骅—砣矶水道（长山水道）航线。此外，还有天津大沽口—龙口航线、秦皇岛—葫芦岛航线、天津大沽口—长山水道航线、京唐港—老铁山水道航线、秦皇岛港—营口航线、天津大沽口—烟台航线。

2. 规划航路概况

1）深水航路

（1）老铁山水道—曹妃甸深水航路。规划超大型船舶航路如下：从老铁山水道定线制的警戒圈 38°37.1′N，120°51.6′E，经 38°48′N，119°10.0′E 后至 38°48.0′N，118°45.2′E，到达曹妃甸定线制水域，然后按照曹妃甸水域船舶定线制航法航行。

（2）老铁山水道—营口仙人岛深水航路。规划如下位置连线构成的深水航路：①38°40′N，120°48′E；②39°31.2′N，120°48′E；③39°54.6′N，121°14.7′E；④40°9.4′N，121°38.7′E。

渤海及其以东水域船舶航路规划方案见表 9.8。从实船观测和实际大型船舶的航迹来看，大型船舶一般采用深水航路。深水航路也可以保证有足够的水深和水域供超大型船舶航行。

表 9.8 渤海及其以东水域船舶航路规划方案

类型	名称	航路宽度
深水航路	老铁山水道—曹妃甸	1000 m
	老铁山水道—营口仙人岛	1000 m
干线双向航路	老铁山水道—曹妃甸、天津港	6 n mile
	老铁山水道—秦皇岛	6 n mile
	老铁山水道—渤海湾北部	6 n mile
	长山水道—天津港（西行、东行）	西行、东行各 3 n mile
	成山角—老铁山水道	6 n mile
	成山角—长山水道	4 n mile
	大连港—烟台港	3 n mile
推荐航路	成山角—大连港	—
支线双向航路	渤海北部—锦州	3 n mile
	渤海北部—营口	3 n mile
	秦皇岛—天津	3 n mile
	老铁山水道—黄骅港	3 n mile
	老铁山水道—烟台港	3 n mile
	大连港—老铁山水道	3 n mile
	长山水道—黄骅港	3 n mile
	莱州港—长山水道	3 n mile
	龙口港—长山水道	3 n mile
	丹东港—大连港	3 n mile
	丹东港—成山角	3 n mile
	丹东港—烟台港	3 n mile

2）干线双向航路及推荐航路

根据渤海及其以东水域船舶交通流分布，规划 8 条航路，宽度 3～6 n mile，分别为老铁山水道—曹妃甸、天津港航路，老铁山水道—秦皇岛航路，老铁山水道—渤海湾北部航路，长山水道—天津港航路，成山角—老铁山水道航路，成山角—长山水道航路，大连港—烟台港航路，成山角—大连港推荐航路。

（1）老铁山水道—曹妃甸、天津港航路。航路中心线起点为老铁山水道，经 38°36.1′N，

120°51.3′E 转向 276°到达 38°48′N，118°45.2′E，到达曹妃甸定线制水域，然后按照曹妃甸水域船舶定线制航法至天津港。反之从曹妃甸定线制水域驶出后沿航向 96°至老铁山水道。此航路为双向航路，为了减少对遇和避让方便，船舶在此航行时应将航路中心线放在左侧。

（2）老铁山水道—秦皇岛航路。起点为老铁山水道，经 38°37.1′N，120°51.8′E 转向 334°航行至 38°54.5′N，120°41.6′E，再转向 319°航行到 39°40.7′N，119°51.7′E。反之则由 139°转向到 154°航行到老铁山水道。此航路为双向航路，为了减少对遇和避让方便，船舶在此航行时尽量将此推荐航路中心线放在左侧。

（3）老铁山水道—渤海湾北部航路。航路中心线起点为老铁山水道，经 38°37.1′N，120°51.8′E 航向 8°航行至 39°32.3′N，121°1.7′E，再转向 31°航行至 40°8.1′N，121°29.2′E，再转向 69°到终点 40°13.2′N，121°47.4′E。反之航向分别为 249°、211°、188°到老铁山水道。此线为双向航路。为了减少对遇和避让方便，船舶在此航行时尽量将此推荐航路放在左侧。

（4）长山水道—天津港航路。航路中心线西行起点为长山水道，经 38°5′N，120°24.6′E 转向 293.5°到达 BZ28-1 油田北侧 38°217′N，119°38.5′E，转向 291°到达曹妃甸甸头南 38°38.7′N，118°38.4′E，并转向驶往天津港主航道进入天津港。东行船起点为天津港主航道至曹妃甸以南 38°38.7′N，118°38.4′E，转向 116°至 BZ28-1 油田南侧 38°15.5′N，119°38.5′E 处转向 107°经 38°5′N，120°24.6′E 进入长山水道。

（5）成山角—老铁山水道航路。成山角船舶定线制和老铁山水道船舶定线制之间的推荐航路中心线为以下两点连线：38°29.8′N，121°5.8′E，37°38.5′N，122°38.8′E。从成山角船舶定线制驶往老铁山水道船舶定线制的船舶交通流向为 305°，从老铁山水道船舶定线制驶往成山角船舶定线制的船舶交通流向为 125°。

（6）成山角—长山水道航路。成山角船舶定线制和长山水道之间船舶定线制的推荐航路中心线为以下两点连线：37°58.2′N，121°4.2′E，37°34.5′N，122°36.6′E。从成山角船舶定线制驶往长山水道船舶定线制的船舶交通流向为 288°，从长山水道船舶定线制驶往成山角船舶定线制的船舶交通流向为 108°。

（7）大连港—烟台港航路。大连港—烟台港推荐航路中心线为以下两点的连线：38°40′N，121°46.3′E，37°46.5′N，121°32′E。从烟台港驶往大连港的船舶交通流向为 12°，从大连港驶往烟台港的船舶交通流向为 192°。

（8）成山角—大连港推荐航路。成山角—大连港推荐航路为以下两点连线：38°40.2′N，121°52.8′E，37°39.8′N，122°43.1′E。从成山角驶往大连港的船舶交通流向为 326°，从大连港驶往成山角的船舶交通流向为 146°。

3）支线双向航路

（1）渤海北部—锦州航路。航路一：船舶经点 40°1.3′N，121°25.6′E，驶航向 0°到达点 40°33′N，121°26′E 后转航向 298°进入锦州港。航路二：船舶经点 40°1.3′N，121°25.6′E，驶航向 353°到达点 40°15′N，121°22′E，转航向 322°，过点 40°32′N，121°5′E，然后转向 349°驶入锦州港。

（2）渤海北部—营口航路。航路一：船舶经点 40°1.3′N，121°25.6′E，驶航向 0° 到达点 40°8.6′N，121°25.6′E，转航向 47° 到达点 40°24.8′N，121°47.3′E，然后进入营口老港。航路二：船舶经点 40°1.3′N，121°25.6′E，驶航向 0° 到达点 40°8.6′N，121°25.6′E，转航向 47°，到达点 40°16.7′N，121°35.1′E，转向 90°，到达点 40°16.7′N，121°48.3′E，然后进入鲅鱼圈港区。

（3）秦皇岛—天津航路。秦皇岛—天津航路中心线为以下几点连线：①39°37.4′N，119°43.8′E；②39°20′N，119°43.8′E；③38°55.5′N，119°24.5′E；④38°48′N，118°45.2′E。船舶进入曹妃甸水域船舶定线制，从而进入天津港。从秦皇岛驶往天津的航向分别为 180°、212° 和 257°，而从天津驶往秦皇岛的航向分别为 77°、32° 和 0°。

（4）老铁山水道—黄骅港航路。从老铁山水道通航制点 38°37.1′N，120°51.8′E 出来转航向 271°，驶至点 38°38.3′N，118°38.4′E 进入曹妃甸甸头南分道通航制，然后转航向 248.5°，进入黄骅港锚地。

（5）老铁山水道—烟台港航路。从老铁山水道船舶定线制东部到烟台港的船舶，可在 38°29′50″N，121°5′45″E 附近取航向 159° 驶至 37°40′30″N，121°29′15″E，然后调整航向驶往进港航道，该航路海图水深为 17.8～48 m。

（6）大连港—老铁山水道航路。从大连港进入老铁山水道船舶的推荐航路为：经 38°48.8′N，121°48.5′E 航向 192° 航行至 38°31.9′N，121°43.8′E 辖向 266° 进入老铁山水道；反之，出老铁山水道的船舶航向 86°，然后转向 12° 进入大连港和大窑湾港。此线为双向推荐航路，船舶在航行时可沿此航路双向行驶，可航水域超过 1 n mile。

（7）长山水道—黄骅港航路。西行航路：长山水道—黄骅港航路与长山水道—天津港航路相同，到达规划中的曹妃甸甸头南通道分航制，然后转航向 248°0.5′进入黄骅港锚地。东行航路：从长山水道到黄骅的船舶，经点 38°5′N，120°24.6′E 驶航向 286.2°，到达黄骅港 1 号锚地 38°31′N，118°27.5′E，从而进入黄骅港。

（8）莱州港—长山水道航路。从莱州港到长山水道的船舶，可在莱州港 2#灯浮（37°33′41″N，119°53″00″E）附近取航向 039°，直驶长山水道西部警戒区（38°05′0″N，120°24′36″E），该航路海图水深 12.3～18.2 m。

（9）龙口港—长山水道航路。从龙口港到长山水道的船舶，可在屺坶角正西 2 n mile 处（37°40′40″N，120°12′30″E），取航向 324° 驶至 37°42′N，120°11′E，再改向至 25° 直驶长山水道西部警戒区（38°5′N，120°24′36″E），航行时注意大黑山岛养殖区并与之保持一定的安全距离，该航路海图水深 13.8～18.2 m。

（10）丹东港—大连港航路。航路一：从丹东锚地点 39°40′N，124°5′E 出发，航行至点 39°11′N，123°4′E 附近，经外长山水道，航行至点 38°47′N，121°52′E，进入大连港。航路二：从丹东锚地点 39°40′N，124°5′E 出发，航行至点 38°56′N，123°25′E 附近，经点 38°35′N，122°10′E 转向航行至点 38°47′N，121°52′E，进入大连港。

（11）丹东港—成山角航路。从丹东锚地点 39°40′N，124°5′E 出发，航行至 38°56′N，123°25′E 焦附近，转向 196° 可航行至成山角定线制点 37°37′N，123°E。

（12）丹东港—烟台港航路。从丹东锚地 39°40′N，124°5′E 出发，航行至 38°56′N，

123°25′E 点附近，转向 230° 可航行至烟台锚地 37°40.5′N，121°29.3′E。

3. 定线制

1）曹妃甸水域船舶定线制

曹妃甸水域船舶定线制由第一分道通航制、第二分道通航制、第三分道通航制和一个警戒区组成。

（1）第一分道通航制由分隔带和通航分道组成。分隔带为以下列地理位置的连线为中心线，长 10 n mile，宽 0.5 n mile 的水域：38°47.99′N，118°45.19′E；38°49.41′N，118°32.53′E。

通航分道北边界线为下列地理位置的连线：38°49.23′N，118°45.42′E；38°50.64′N，118°32.75′E。

通航分道南边界线为下列地理位置的连线：38°46.75′N，118°44.96′E；38°48.16′N，118°32.3′E。

西行船舶通航分道为分隔带与分道通航制北边界线之间的水域，长 10 n mile，宽 1 n mile，船舶主流向为 278°（真航向）。

东行船舶通航分道为分隔带与分道通航制南边界线之间的水域，长 10 n mile，宽 1 n mile，船舶主流向为 98°（真航向）。

（2）第二分道通航制由分隔带和通航分道组成。分隔带以下列地理位置的连线为中心线，长 5 n mile，宽 0.5 n mile 的水域：38°49.96′N，118°27.49′E；38°50.65′N，118°21.12′E。

通航分道北边界线为下列地理位置的连线：38°51.2′N，118°27.71′E；38°51.89′N，118°21.34′E。

通航分道南边界线为下列地理位置的连线：38°48.72′N，118°27.26′E；38°49.41′N，118°20.9′E。

西行船舶通航分道为分隔带与分道通航制北边界线之间的水域，长 5 n mile，宽 1 n mile，船舶主流向为 278°（真航向）。

东行船舶通航分道为分隔带与分道通航制南边界线之间的水域，长 5 n mile，宽 1 n mile，船舶主流向为 98°（真航向）。

（3）第三分道通航制由分隔线和通航分道组成。分隔线为下列地理位置的连线：38°54.17′N，118°28.46′E；38°50.9′N，118°30.41′E。

通航分道东边界线为下列地理位置的连线：38°54.42′N，118°29.15′E；38°50.8′N，118°31.31′E。

通航分道西边界线为下列地理位置的连线：38°53.91′N，118°27.76′E；38°51′N，118°29.5′E。

船舶驶进曹妃甸港的通航分道为分隔线与分道通航制东边界线之间的水域，长 4 n mile，宽 0.6 n mile；船舶主流向为 335°（真航向）。

船舶驶出曹妃甸港的通航分道为分隔线与分道通航制西边界线之间的水域，长

3.2 n mile，宽 0.6 n mile；船舶主流向为 155°（真航向）。

警戒区为下列地理位置的连线依次围成的水域：①38°48.16′N，118°32.3′E；②38°48.72′N，118°27.26′E；③38°51.2′N，118°27.71′E；④38°50.64′N，118°32.75′E。

警戒区为长方形，长 4 n mile，宽 2.5 n mile。

2）长山水道船舶定线制

长山水道船舶定线制由分道通航制和警戒区组成。

分道通航制北边界线为下列地理位置连线：①38°0.7′N，120°58.6′E；②38°0.7′N，120°52.2′E；③38°3.867′N，120°34′E；④38°5.6′N，120°30.833′E。分道通航制南边界线为下列地理位置连线：①37°56.2′N，120°58.2′E；②37°58.267′N，120°51.7′E；③38°0.3′N，120°40′E；④38°0.3′N，120°27′E。

分隔带以以下列地理位置连线为中心线，宽度为 0.2 n mile，长度为 23.5 n mile 的水域：38°3.417′N，120°29.3′E；37°58.45′N，120°58.4′E。

西行船舶通航分道为分隔带与定线制北边界线之间的水域，西部宽度为 2.5 n mile，东部宽度为 2.3 n mile；中间最窄宽度为 1 n mile，长度为 14.7 n mile；船舶主交通流向为 282°（真航向）。东行船舶通航分道为分隔带与定线制南边界线之间的水域，东部宽度为 2.2 n mile，西部宽度为 3.7 n mile；最窄宽度为 1 n mile，长度为 9.8 n mile；船舶主交通流向为 102°（真航向）。

东部警戒区：以地理位置 37°58.25′N，121°2.5′E 为中心，半径 4 n mile 圆弧内的水域。西部警戒区：以地理位置 38°5′N，120°24.6′E 为中心，半径 5 n mile 里圆弧内的水域。

3）老铁山水道船舶定线制

分隔带为以下列地理位置的连线为中心线，长 9 n mile，宽 1 n mile 的水域：38°34.3′N，120°55.9′E；38°29.8′N，121°5.9′E。

分道通航制的北边界线为下列地理位置的连线：38°36.7′N，120°57.6′E；38°32.2′N，121°7.6′E。

分道通航制的南边界线为下列地理位置的连线：38°31.9′N，120°54.1′E；38°27.5′N，121°4.1′E。

西行船舶通航分道为分隔带与分道通航制北边界线之间的水域，长为 9 n mile，宽为 2.25 n mile；船舶主流向为 300°（真航向）。东行船舶通航分道为分隔带与分道通航制南边界线之间的水域，长为 9 n mile，宽为 2.25 n mile；船舶主流向为 120°（真航向）。

警戒区为以 38°36.4′N，120°51.3′E 的地理位置为中心，半径 5 n mile 的水域。

4）成山角水域船舶定线制

成山角水域船舶定线制由分道通航制、沿岸通航带和警戒区组成。

分隔带以下列地理位置的连线为中心线，宽度为 2 n mile 的水域：37°31.18′N，122°45.4′E；37°25.29′N，122°49.68′E；37°11.6′N，122°49.68′E。

分道通航制的内界线为下列地理位置的连线：37°29.69′N，122°42.13′E；37°24.49′N，

122°45.91′E；37°11.6′N，122°45.91′E。分道通航制的外边界线为下列地理位置的连线：①37°32.69′N，122°48.68′E；②37°26.09′N，122°53.46′E；③37°11.6′N，122°53.46′E。

北行船舶通航分道为分隔带与分道通航制外边界线之间的水域，宽为 2 n mile；主交通流为 0°（真方向）和 330°（真方向）。南行船舶通航分道为分隔带与分道通航制内边界线之间的水域，宽为 2 n mile。主交通流为 150°（真方向）和 180°（真方向）。

沿岸通航带为分道通航制的内边界线与邻近海岸之间的水域。

警戒区以 37°34.65′N，122°42.88′E 的地理位置为中心，半径为 5 n mile 的水域。

9.2　渤海海域超大型船舶通航安全标准

9.2.1　渤海海域超大型船舶富余水深控制标准

1. 富余水深计算模型

由于渤海海域对于超大型船舶属于浅海水域，将超大型船舶在渤海海域的航行作为船舶通过浅水水域的情况考虑，同时考虑船舶在航行中的下沉量变化，提出渤海海域超大型船舶通航安全富余水深计算模型：

$$H_{UKC} = \delta\rho + \Delta B + H_{\frac{1}{2}w} + \delta d + \text{Squat} \tag{9.1}$$

式中：H_{UKC} 为船舶安全富余水深；$\delta\rho$ 为咸淡水差；ΔB 为横倾增加吃水；$H_{\frac{1}{2}w}$ 为半波高；δd 为油水消耗减少吃水；Squat 为船舶下沉量。

1）咸淡水差

船舶从一种密度的水域驶入另一种密度的水域，由于水密度的变化，其吃水将随之发生改变，其平均吃水的改变量 $\delta\rho$ 为

$$\delta\rho = \frac{\Delta}{100\text{TPC}}\left(\frac{\rho}{\rho_1} - \frac{\rho}{\rho_0}\right) \tag{9.2}$$

式中：$\delta\rho$ 为咸淡水差；Δ 为进入新水域前的排水量；TPC 为该排水量下标准海水密度时每厘米吃水吨数；ρ 为标准海水密度（$\rho = 1.025 \text{ g/cm}^3$）；$\rho_1$ 为新水域的水密度；ρ_0 为原水域的水密度。

2）横倾增加吃水

船舶在水深有限的水深中航行时，要考虑横倾会增加吃水的因素。吃水增加量可按下式近似算出：

$$\Delta B = \frac{B \times \theta}{2 \times 57.3} \approx \frac{B \times \theta}{120} \tag{9.3}$$

式中：ΔB 为横倾增加吃水；B 为船宽；θ 为横倾角。

使用时，可列成如表 9.9 所示的不同横倾角时的吃水增加量备查。

表 9.9　不同横倾角时的吃水增加量

船宽/m	不同横倾角时的吃水增加量/m					
	0.5°	1.0°	1.5°	2.0°	2.5°	3.0°
15	0.065	0.131	0.196	0.262	0.327	0.393
20	0.087	0.175	0.262	0.349	0.437	0.524
25	0.109	0.218	0.327	0.437	0.546	0.655
30	0.131	0.262	0.393	0.524	0.655	0.786
35	0.153	0.305	0.458	0.611	0.764	0.917
40	0.175	0.349	0.524	0.698	0.873	1.047
45	0.196	0.393	0.589	0.785	0.982	1.178
55	0.218	0.436	0.654	0.873	1.091	1.309
60	0.240	0.480	0.720	0.960	1.200	1.440
65	0.262	0.524	0.785	1.047	1.309	1.571

3）半波高

波浪有波峰和波谷，当船舶处于波谷时，相当于水深变浅，通常减小半个波高。过浅滩遇有波浪时，有必要考虑半波高，以免拖底。

4）下沉量

浅水水域中，在不同水深吃水比条件下，超大型船舶船体因航速变化导致的纵倾下沉量可表示为

$$\text{Squat} = -0.1152 h/d + 0.9 C_\text{B} + 0.08 V - 0.8 \qquad (9.4)$$

式中：Squat 为船舶下沉量；h/d 为水深吃水比；C_B 为船舶方形系数；V 为航速。

2. 下沉量计算

以下列代表船型进行下沉量计算，见表 9.10。

表 9.10　代表船型尺度表

船型	船名	船长/m	船宽/m	型深/m	吃水/m	C_B
VLCC	远富湖	330	60	30	20.8	0.74
	远荣湖	330	60	29.7	21.5	0.70
	New Paradise	330	60	/	19.8	0.866
散货船	宇中海	327	55	29	21	0.80
	中腾海	292	45	25	17.4	0.78

代表船型下沉量计算结果见表 9.11～表 9.15。

表 9.11 VLCC "远富湖" 下沉量计算结果

蒲氏风级	半波高	L/m	B/m	h/m	d/m	h/d	C_B	V/km	横倾角/(°)	UKC/d/%	状态
5	1	330	60	24.5	20.8	1.18	0.74	6	0	6	
6	1.5	330	60	24.5	20.8	1.18	0.74	6	0	8	
7	2	330	60	24.5	20.8	1.18	0.74	6	0	11	
8	2.75	330	60	24.5	20.8	1.18	0.74	6	0	14	
9	3.5	330	60	24.5	20.8	1.18	0.74	6	0	18	无法通航
5	1	330	60	24.5	20.8	1.18	0.74	12	0	8	
6	1.5	330	60	24.5	20.8	1.18	0.74	12	0	11	
7	2	330	60	24.5	20.8	1.18	0.74	12	0	13	
8	2.75	330	60	24.5	20.8	1.18	0.74	12	0	17	
9	3.5	330	60	24.5	20.8	1.18	0.74	12	0	20	无法通航
5	1	330	60	24.5	20.8	1.18	0.74	15	0	9	
6	1.5	330	60	24.5	20.8	1.18	0.74	15	0	12	
7	2	330	60	24.5	20.8	1.18	0.74	15	0	14	
8	2.75	330	60	24.5	20.8	1.18	0.74	15	0	18	
9	3.5	330	60	24.5	20.8	1.18	0.74	15	0	21	无法通航
5	1	330	60	24.5	20.8	1.18	0.74	6	3	13	
6	1.5	330	60	24.5	20.8	1.18	0.74	6	3	15	
7	2	330	60	24.5	20.8	1.18	0.74	6	3	18	无法通航
8	2.75	330	60	24.5	20.8	1.18	0.74	6	3	21	无法通航
9	3.5	330	60	24.5	20.8	1.18	0.74	6	3	25	无法通航
5	1	330	60	24.5	20.8	1.18	0.74	12	3	15	
6	1.5	330	60	24.5	20.8	1.18	0.74	12	3	18	
7	2	330	60	24.5	20.8	1.18	0.74	12	3	20	无法通航
8	2.75	330	60	24.5	20.8	1.18	0.74	12	3	24	无法通航
9	3.5	330	60	24.5	20.8	1.18	0.74	12	3	27	无法通航
5	1	330	60	24.5	20.8	1.18	0.74	15	3	16	

蒲氏风级	半波高	L/m	B/m	h/m	d/m	h/d	C_B	V/km	横倾角/（°）	UKC/d/%	状态
6	1.5	330	60	24.5	20.8	1.18	0.74	15	3	19	无法通航
7	2	330	60	24.5	20.8	1.18	0.74	15	3	21	无法通航
8	2.75	330	60	24.5	20.8	1.18	0.74	15	3	25	无法通航
9	3.5	330	60	24.5	20.8	1.18	0.74	15	3	29	无法通航
5	1	330	60	24.5	19.5	1.3	0.74	6	0	9	
6	1.5	330	60	24.5	19.5	1.3	0.74	6	0	9	
7	2	330	60	24.5	19.5	1.3	0.74	6	0	11	
8	2.75	330	60	24.5	19.5	1.3	0.74	6	0	15	
9	3.5	330	60	24.5	19.5	1.3	0.74	6	0	19	无法通航
5	1	330	60	24.5	19.5	1.3	0.74	12	0	6	
6	1.5	330	60	24.5	19.5	1.3	0.74	12	0	9	
7	2	330	60	24.5	19.5	1.3	0.74	12	0	11	
8	2.75	330	60	24.5	19.5	1.3	0.74	12	0	15	
9	3.5	330	60	24.5	19.5	1.3	0.74	12	0	19	无法通航
5	1	330	60	24.5	19.5	1.3	0.74	15	0	6	
6	1.5	330	60	24.5	19.5	1.3	0.74	15	0	9	
7	2	330	60	24.5	19.5	1.3	0.74	15	0	11	
8	2.75	330	60	24.5	19.5	1.3	0.74	15	0	15	
9	3.5	330	60	24.5	19.5	1.3	0.74	15	0	19	
5	1	330	60	24.5	19.5	1.3	0.74	6	3	14	
6	1.5	330	60	24.5	19.5	1.3	0.74	6	3	16	
7	2	330	60	24.5	19.5	1.3	0.74	6	3	19	
8	2.75	330	60	24.5	19.5	1.3	0.74	6	3	23	
9	3.5	330	60	24.5	19.5	1.3	0.74	6	3	27	无法通航
5	1	330	60	24.5	19.5	1.3	0.74	12	3	14	
6	1.5	330	60	24.5	19.5	1.3	0.74	12	3	16	
7	2	330	60	24.5	19.5	1.3	0.74	12	3	19	

蒲氏风级	半波高	L/m	B/m	h/m	d/m	h/d	C_B	V/km	横倾角/(°)	UKC/d/%	状态
8	2.75	330	60	24.5	19.5	1.3	0.74	12	3	23	
9	3.5	330	60	24.5	19.5	1.3	0.74	12	3	27	无法通航
5	1	330	60	24.5	19.5	1.3	0.74	15	3	14	
6	1.5	330	60	24.5	19.5	1.3	0.74	15	3	16	
7	2	330	60	24.5	19.5	1.3	0.74	15	3	19	
8	2.75	330	60	24.5	19.5	1.3	0.74	15	3	23	
9	3.5	330	60	24.5	19.5	1.3	0.74	15	3	27	无法通航

表 9.12　VLCC"远荣湖"下沉量计算结果

蒲氏风级	半波高	L/m	B/m	h/m	d/m	h/d	C_B	V/km	横倾角/(°)	UKC/d/%	状态
5	1	330	60	24.5	21.5	1.14	0.7	6	0	5	
6	1.5	330	60	24.5	21.5	1.14	0.7	6	0	8	
7	2	330	60	24.5	21.5	1.14	0.7	6	0	10	
8	2.75	330	60	24.5	21.5	1.14	0.7	6	0	14	
9	3.5	330	60	24.5	21.5	1.14	0.7	6	0	17	无法通航
5	1	330	60	24.5	21.5	1.14	0.7	12	0	8	
6	1.5	330	60	24.5	21.5	1.14	0.7	12	0	10	
7	2	330	60	24.5	21.5	1.14	0.7	12	0	12	
8	2.75	330	60	24.5	21.5	1.14	0.7	12	0	16	无法通航
9	3.5	330	60	24.5	21.5	1.14	0.7	12	0	19	无法通航
5	1	330	60	24.5	21.5	1.14	0.7	15	0	9	
6	1.5	330	60	24.5	21.5	1.14	0.7	15	0	11	
7	2	330	60	24.5	21.5	1.14	0.7	15	0	13	
8	2.75	330	60	24.5	21.5	1.14	0.7	15	0	17	无法通航
9	3.5	330	60	24.5	21.5	1.14	0.7	15	0	20	无法通航
5	1	330	60	24.5	21.5	1.14	0.7	6	3	12	
6	1.5	330	60	24.5	21.5	1.14	0.7	6	3	15	无法通航
7	2	330	60	24.5	21.5	1.14	0.7	6	3	17	无法通航

蒲氏风级	半波高	L/m	B/m	h/m	d/m	h/d	C_B	V/km	横倾角/(°)	UKC/d/%	状态
8	2.75	330	60	24.5	21.5	1.14	0.7	6	3	21	无法通航
9	3.5	330	60	24.5	21.5	1.14	0.7	6	3	24	无法通航
5	1	330	60	24.5	21.5	1.14	0.7	12	3	15	无法通航
6	1.5	330	60	24.5	21.5	1.14	0.7	12	3	17	无法通航
7	2	330	60	24.5	21.5	1.14	0.7	12	3	19	无法通航
8	2.75	330	60	24.5	21.5	1.14	0.7	12	3	23	无法通航
9	3.5	330	60	24.5	21.5	1.14	0.7	12	3	26	无法通航
5	1	330	60	24.5	21.5	1.14	0.7	15	3	16	无法通航
6	1.5	330	60	24.5	21.5	1.14	0.7	15	3	18	无法通航
7	2	330	60	24.5	21.5	1.14	0.7	15	3	20	无法通航
8	2.75	330	60	24.5	21.5	1.14	0.7	15	3	24	无法通航
9	3.5	330	60	24.5	21.5	1.14	0.7	15	3	27	无法通航
5	1	330	60	24.5	20.8	1.2	0.7	6	0	8	
6	1.5	330	60	24.5	20.8	1.2	0.7	6	0	8	
7	2	330	60	24.5	20.8	1.2	0.7	6	0	10	
8	2.75	330	60	24.5	20.8	1.2	0.7	6	0	14	
9	3.5	330	60	24.5	20.8	1.2	0.7	6	0	18	
5	1	330	60	24.5	20.8	1.2	0.7	12	0	6	
6	1.5	330	60	24.5	20.8	1.2	0.7	12	0	8	
7	2	330	60	24.5	20.8	1.2	0.7	12	0	10	
8	2.75	330	60	24.5	20.8	1.2	0.7	12	0	14	
9	3.5	330	60	24.5	20.8	1.2	0.7	12	0	18	
5	1	330	60	24.5	20.8	1.2	0.7	15	0	6	
6	1.5	330	60	24.5	20.8	1.2	0.7	15	0	8	
7	2	330	60	24.5	20.8	1.2	0.7	15	0	10	
8	2.75	330	60	24.5	20.8	1.2	0.7	15	0	14	
9	3.5	330	60	24.5	20.8	1.2	0.7	15	0	18	

蒲氏风级	半波高	L/m	B/m	h/m	d/m	h/d	C_B	V/km	横倾角/(°)	UKC/d/%	状态
5	1	330	60	24.5	20.8	1.2	0.7	6	3	13	
6	1.5	330	60	24.5	20.8	1.2	0.7	6	3	15	
7	2	330	60	24.5	20.8	1.2	0.7	6	3	18	
8	2.75	330	60	24.5	20.8	1.2	0.7	6	3	21	无法通航
9	3.5	330	60	24.5	20.8	1.2	0.7	6	3	25	无法通航
5	1	330	60	24.5	20.8	1.2	0.7	12	3	13	
6	1.5	330	60	24.5	20.8	1.2	0.7	12	3	15	
7	2	330	60	24.5	20.8	1.2	0.7	12	3	18	
8	2.75	330	60	24.5	20.8	1.2	0.7	12	3	21	无法通航
9	3.5	330	60	24.5	20.8	1.2	0.7	12	3	25	无法通航
5	1	330	60	24.5	20.8	1.2	0.7	15	3	13	
6	1.5	330	60	24.5	20.8	1.2	0.7	15	3	15	
7	2	330	60	24.5	20.8	1.2	0.7	15	3	18	
8	2.75	330	60	24.5	20.8	1.2	0.7	15	3	21	无法通航
9	3.5	330	60	24.5	20.8	1.2	0.7	15	3	25	无法通航
5	1	330	60	24.5	19.5	1.3	0.7	6	0	9	
6	1.5	330	60	24.5	19.5	1.3	0.7	6	0	9	
7	2	330	60	24.5	19.5	1.3	0.7	6	0	11	
8	2.75	330	60	24.5	19.5	1.3	0.7	6	0	15	
9	3.5	330	60	24.5	19.5	1.3	0.7	6	0	19	
5	1	330	60	24.5	19.5	1.3	0.7	12	0	6	
6	1.5	330	60	24.5	19.5	1.3	0.7	12	0	9	
7	2	330	60	24.5	19.5	1.3	0.7	12	0	11	
8	2.75	330	60	24.5	19.5	1.3	0.7	12	0	15	
9	3.5	330	60	24.5	19.5	1.3	0.7	12	0	19	
5	1	330	60	24.5	19.5	1.3	0.7	15	0	6	
6	1.5	330	60	24.5	19.5	1.3	0.7	15	0	9	

蒲氏风级	半波高	L/m	B/m	h/m	d/m	h/d	C_B	V/km	横倾角/(°)	UKC/d/%	状态
7	2	330	60	24.5	19.5	1.3	0.7	15	0	11	
8	2.75	330	60	24.5	19.5	1.3	0.7	15	0	15	
9	3.5	330	60	24.5	19.5	1.3	0.7	15	0	19	
5	1	330	60	24.5	19.5	1.3	0.7	6	3	14	
6	1.5	330	60	24.5	19.5	1.3	0.7	6	3	16	
7	2	330	60	24.5	19.5	1.3	0.7	6	3	19	
8	2.75	330	60	24.5	19.5	1.3	0.7	6	3	23	
9	3.5	330	60	24.5	19.5	1.3	0.7	6	3	26	无法通航
5	1	330	60	24.5	19.5	1.3	0.7	12	3	14	
6	1.5	330	60	24.5	19.5	1.3	0.7	12	3	16	
7	2	330	60	24.5	19.5	1.3	0.7	12	3	19	
8	2.75	330	60	24.5	19.5	1.3	0.7	12	3	23	
9	3.5	330	60	24.5	19.5	1.3	0.7	12	3	26	无法通航
5	1	330	60	24.5	19.5	1.3	0.7	15	3	14	
6	1.5	330	60	24.5	19.5	1.3	0.7	15	3	16	
7	2	330	60	24.5	19.5	1.3	0.7	15	3	19	
8	2.75	330	60	24.5	19.5	1.3	0.7	15	3	23	
9	3.5	330	60	24.5	19.5	1.3	0.7	15	3	26	无法通航

表 9.13　VLCC "New Paradise" 下沉量计算结果

蒲氏风级	半波高	L/m	B/m	h/m	d/m	h/d	C_B	V/km	横倾角/(°)	UKC/d/%	状态
5	1	300	60	24.5	19.8	1.24	0.87	6	0	7	
6	1.5	300	60	24.5	19.8	1.24	0.87	6	0	9	
7	2	300	60	24.5	19.8	1.24	0.87	6	0	12	
8	2.75	300	60	24.5	19.8	1.24	0.87	6	0	15	
9	3.5	300	60	24.5	19.8	1.24	0.87	6	0	19	
5	1	300	60	24.5	19.8	1.24	0.87	12	0	9	
6	1.5	300	60	24.5	19.8	1.24	0.87	12	0	12	

蒲氏风级	半波高	L/m	B/m	h/m	d/m	h/d	C_B	V/km	横倾角/(°)	UKC/d/%	状态
7	2	300	60	24.5	19.8	1.24	0.87	12	0	14	
8	2.75	300	60	24.5	19.8	1.24	0.87	12	0	18	
9	3.5	300	60	24.5	19.8	1.24	0.87	12	0	22	
5	1	300	60	24.5	19.8	1.24	0.87	15	0	10	
6	1.5	300	60	24.5	19.8	1.24	0.87	15	0	13	
7	2	300	60	24.5	19.8	1.24	0.87	15	0	15	
8	2.75	300	60	24.5	19.8	1.24	0.87	15	0	19	
9	3.5	300	60	24.5	19.8	1.24	0.87	15	0	23	
5	1	300	60	24.5	19.8	1.24	0.87	6	3	14	
6	1.5	300	60	24.5	19.8	1.24	0.87	6	3	17	
7	2	300	60	24.5	19.8	1.24	0.87	6	3	19	
8	2.75	300	60	24.5	19.8	1.24	0.87	6	3	23	
9	3.5	300	60	24.5	19.8	1.24	0.87	6	3	27	无法通航
5	1	300	60	24.5	19.8	1.24	0.87	12	3	17	
6	1.5	300	60	24.5	19.8	1.24	0.87	12	3	19	
7	2	300	60	24.5	19.8	1.24	0.87	12	3	22	
8	2.75	300	60	24.5	19.8	1.24	0.87	12	3	25	无法通航
9	3.5	300	60	24.5	19.8	1.24	0.87	12	3	29	无法通航
5	1	300	60	24.5	19.8	1.24	0.87	15	3	18	
6	1.5	300	60	24.5	19.8	1.24	0.87	15	3	20	
7	2	300	60	24.5	19.8	1.24	0.87	15	3	23	
8	2.75	300	60	24.5	19.8	1.24	0.87	15	3	27	无法通航
9	3.5	300	60	24.5	19.8	1.24	0.87	15	3	30	无法通航
5	1	300	60	24.5	19.5	1.3	0.87	6	0	9	
6	1.5	300	60	24.5	19.5	1.3	0.87	6	0	9	
7	2	300	60	24.5	19.5	1.3	0.87	6	0	12	
8	2.75	300	60	24.5	19.5	1.3	0.87	6	0	16	

蒲氏风级	半波高	L/m	B/m	h/m	d/m	h/d	C_B	V/km	横倾角/（°）	UKC/d/%	状态
9	3.5	300	60	24.5	19.5	1.3	0.87	6	0	20	
5	1	300	60	24.5	19.5	1.3	0.87	12	0	7	
6	1.5	300	60	24.5	19.5	1.3	0.87	12	0	9	
7	2	300	60	24.5	19.5	1.3	0.87	12	0	12	
8	2.75	300	60	24.5	19.5	1.3	0.87	12	0	16	
9	3.5	300	60	24.5	19.5	1.3	0.87	12	0	20	
5	1	300	60	24.5	19.5	1.3	0.87	15	0	7	
6	1.5	300	60	24.5	19.5	1.3	0.87	15	0	9	
7	2	300	60	24.5	19.5	1.3	0.87	15	0	12	
8	2.75	300	60	24.5	19.5	1.3	0.87	15	0	16	
9	3.5	300	60	24.5	19.5	1.3	0.87	15	0	20	
5	1	300	60	24.5	19.5	1.3	0.87	6	3	14	
6	1.5	300	60	24.5	19.5	1.3	0.87	6	3	17	
7	2	300	60	24.5	19.5	1.3	0.87	6	3	20	
8	2.75	300	60	24.5	19.5	1.3	0.87	6	3	23	
9	3.5	300	60	24.5	19.5	1.3	0.87	6	3	27	无法通航
5	1	300	60	24.5	19.5	1.3	0.87	12	3	14	
6	1.5	300	60	24.5	19.5	1.3	0.87	12	3	17	
7	2	300	60	24.5	19.5	1.3	0.87	12	3	20	
8	2.75	300	60	24.5	19.5	1.3	0.87	12	3	23	
9	3.5	300	60	24.5	19.5	1.3	0.87	12	3	27	无法通航
5	1	300	60	24.5	19.5	1.3	0.87	15	3	14	
6	1.5	300	60	24.5	19.5	1.3	0.87	15	3	17	
7	2	300	60	24.5	19.5	1.3	0.87	15	3	20	
8	2.75	300	60	24.5	19.5	1.3	0.87	15	3	23	
9	3.5	300	60	24.5	19.5	1.3	0.87	15	3	27	无法通航

表 9.14 散货船"宇中海"下沉量计算结果

蒲氏风级	半波高	L/m	B/m	h/m	d/m	h/d	C_B	V/km	横倾角/(°)	UKC/d/%	状态
5	1	327	55	24.5	21	1.17	0.79	6	0	8	
6	1.5	327	55	24.5	21	1.17	0.79	6	0	8	
7	2	327	55	24.5	21	1.17	0.79	6	0	11	
8	2.75	327	55	24.5	21	1.17	0.79	6	0	14	
9	3.5	327	55	24.5	21	1.17	0.79	6	0	18	无法通航
5	1	327	55	24.5	21	1.17	0.79	12	0	6	
6	1.5	327	55	24.5	21	1.17	0.79	12	0	8	
7	2	327	55	24.5	21	1.17	0.79	12	0	11	
8	2.75	327	55	24.5	21	1.17	0.79	12	0	14	
9	3.5	327	55	24.5	21	1.17	0.79	12	0	18	无法通航
5	1	327	55	24.5	21	1.17	0.79	15	0	6	
6	1.5	327	55	24.5	21	1.17	0.79	15	0	8	
7	2	327	55	24.5	21	1.17	0.79	15	0	11	
8	2.75	327	55	24.5	21	1.17	0.79	15	0	14	
9	3.5	327	55	24.5	21	1.17	0.79	15	0	18	无法通航
5	1	327	55	24.5	21	1.17	0.79	6	3	13	
6	1.5	327	55	24.5	21	1.17	0.79	6	3	15	
7	2	327	55	24.5	21	1.17	0.79	6	3	17	无法通航
8	2.75	327	55	24.5	21	1.17	0.79	6	3	21	无法通航
9	3.5	327	55	24.5	21	1.17	0.79	6	3	24	无法通航
5	1	327	55	24.5	21	1.17	0.79	12	3	13	
6	1.5	327	55	24.5	21	1.17	0.79	12	3	15	
7	2	327	55	24.5	21	1.17	0.79	12	3	17	无法通航
8	2.75	327	55	24.5	21	1.17	0.79	12	3	21	无法通航
9	3.5	327	55	24.5	21	1.17	0.79	12	3	24	无法通航
5	1	327	55	24.5	21	1.17	0.79	15	3	13	
6	1.5	327	55	24.5	21	1.17	0.79	15	3	15	

蒲氏风级	半波高	L/m	B/m	h/m	d/m	h/d	C_B	V/km	横倾角/(°)	UKC/d/%	状态
7	2	327	55	24.5	21	1.17	0.79	15	3	17	无法通航
8	2.75	327	55	24.5	21	1.17	0.79	15	3	21	无法通航
9	3.5	327	55	24.5	21	1.17	0.79	15	3	24	无法通航
5	1	327	55	24.5	20.8	1.2	0.79	6	0	8	
6	1.5	327	55	24.5	20.8	1.2	0.79	6	0	8	
7	2	327	55	24.5	20.8	1.2	0.79	6	0	11	
8	2.75	327	55	24.5	20.8	1.2	0.79	6	0	14	
9	3.5	327	55	24.5	20.8	1.2	0.79	6	0	18	无法通航
5	1	327	55	24.5	20.8	1.2	0.79	12	0	6	
6	1.5	327	55	24.5	20.8	1.2	0.79	12	0	8	
7	2	327	55	24.5	20.8	1.2	0.79	12	0	11	
8	2.75	327	55	24.5	20.8	1.2	0.79	12	0	14	
9	3.5	327	55	24.5	20.8	1.2	0.79	12	0	18	无法通航
5	1	327	55	24.5	20.8	1.2	0.79	15	0	6	
6	1.5	327	55	24.5	20.8	1.2	0.79	15	0	8	
7	2	327	55	24.5	20.8	1.2	0.79	15	0	11	
8	2.75	327	55	24.5	20.8	1.2	0.79	15	0	14	
9	3.5	327	55	24.5	20.8	1.2	0.79	15	0	18	无法通航
5	1	327	55	24.5	20.8	1.2	0.79	6	3	13	
6	1.5	327	55	24.5	20.8	1.2	0.79	6	3	15	
7	2	327	55	24.5	20.8	1.2	0.79	6	3	17	
8	2.75	327	55	24.5	20.8	1.2	0.79	6	3	21	无法通航
9	3.5	327	55	24.5	20.8	1.2	0.79	6	3	25	无法通航
5	1	327	55	24.5	20.8	1.2	0.79	12	3	13	
6	1.5	327	55	24.5	20.8	1.2	0.79	12	3	15	
7	2	327	55	24.5	20.8	1.2	0.79	12	3	17	
8	2.75	327	55	24.5	20.8	1.2	0.79	12	3	21	无法通航

蒲氏风级	半波高	L/m	B/m	h/m	d/m	h/d	C_B	V/km	横倾角/(°)	UKC/d/%	状态
9	3.5	327	55	24.5	20.8	1.2	0.79	12	3	25	无法通航
5	1	327	55	24.5	20.8	1.2	0.79	15	3	13	
6	1.5	327	55	24.5	20.8	1.2	0.79	15	3	15	
7	2	327	55	24.5	20.8	1.2	0.79	15	3	17	
8	2.75	327	55	24.5	20.8	1.2	0.79	15	3	21	无法通航
9	3.5	327	55	24.5	20.8	1.2	0.79	15	3	25	无法通航
5	1	327	55	24.5	19.5	1.3	0.79	6	0	9	
6	1.5	327	55	24.5	19.5	1.3	0.79	6	0	9	
7	2	327	55	24.5	19.5	1.3	0.79	6	0	12	
8	2.75	327	55	24.5	19.5	1.3	0.79	6	0	15	
9	3.5	327	55	24.5	19.5	1.3	0.79	6	0	19	
5	1	327	55	24.5	19.5	1.3	0.79	12	0	6	
6	1.5	327	55	24.5	19.5	1.3	0.79	12	0	9	
7	2	327	55	24.5	19.5	1.3	0.79	12	0	12	
8	2.75	327	55	24.5	19.5	1.3	0.79	12	0	15	
9	3.5	327	55	24.5	19.5	1.3	0.79	12	0	19	
5	1	327	55	24.5	19.5	1.3	0.79	15	0	6	
6	1.5	327	55	24.5	19.5	1.3	0.79	15	0	9	
7	2	327	55	24.5	19.5	1.3	0.79	15	0	12	
8	2.75	327	55	24.5	19.5	1.3	0.79	15	0	15	
9	3.5	327	55	24.5	19.5	1.3	0.79	15	0	19	
5	1	327	55	24.5	19.5	1.3	0.79	6	3	13	
6	1.5	327	55	24.5	19.5	1.3	0.79	6	3	16	
7	2	327	55	24.5	19.5	1.3	0.79	6	3	19	
8	2.75	327	55	24.5	19.5	1.3	0.79	6	3	22	
9	3.5	327	55	24.5	19.5	1.3	0.79	6	3	26	无法通航
5	1	327	55	24.5	19.5	1.3	0.79	12	3	13	

蒲氏风级	半波高	L/m	B/m	h/m	d/m	h/d	C_B	V/km	横倾角/(°)	UKC/d/%	状态
6	1.5	327	55	24.5	19.5	1.3	0.79	12	3	16	
7	2	327	55	24.5	19.5	1.3	0.79	12	3	19	
8	2.75	327	55	24.5	19.5	1.3	0.79	12	3	22	
9	3.5	327	55	24.5	19.5	1.3	0.79	12	3	26	无法通航
5	1	327	55	24.5	19.5	1.3	0.79	15	3	13	
6	1.5	327	55	24.5	19.5	1.3	0.79	15	3	16	
7	2	327	55	24.5	19.5	1.3	0.79	15	3	19	
8	2.75	327	55	24.5	19.5	1.3	0.79	15	3	22	
9	3.5	327	55	24.5	19.5	1.3	0.79	15	3	26	无法通航

表 9.15 散货船"中腾海"下沉量计算结果

蒲氏风级	半波高	L/m	B/m	h/m	d/m	h/d	C_B	V/km	横倾角/(°)	UKC/d/%	状态
5	1	292	45	24.5	17.4	1.4	0.78	6	0	7	
6	1.5	292	45	24.5	17.4	1.4	0.78	6	0	10	
7	2	292	45	24.5	17.4	1.4	0.78	6	0	13	
8	2.75	292	45	24.5	17.4	1.4	0.78	6	0	17	
9	3.5	292	45	24.5	17.4	1.4	0.78	6	0	21	
5	1	292	45	24.5	17.4	1.4	0.78	12	0	10	
6	1.5	292	45	24.5	17.4	1.4	0.78	12	0	13	
7	2	292	45	24.5	17.4	1.4	0.78	12	0	16	
8	2.75	292	45	24.5	17.4	1.4	0.78	12	0	20	
9	3.5	292	45	24.5	17.4	1.4	0.78	12	0	24	
5	1	292	45	24.5	17.4	1.4	0.78	15	0	11	
6	1.5	292	45	24.5	17.4	1.4	0.78	15	0	14	
7	2	292	45	24.5	17.4	1.4	0.78	15	0	17	
8	2.75	292	45	24.5	17.4	1.4	0.78	15	0	21	
9	3.5	292	45	24.5	17.4	1.4	0.78	15	0	26	
5	1	292	45	24.5	17.4	1.4	0.78	6	3	15	

蒲氏风级	半波高	L/m	B/m	h/m	d/m	h/d	C_B	V/km	横倾角/(°)	UKC/d/%	状态
6	1.5	292	45	24.5	17.4	1.4	0.78	6	3	18	
7	2	292	45	24.5	17.4	1.4	0.78	6	3	21	
8	2.75	292	45	24.5	17.4	1.4	0.78	6	3	25	
9	3.5	292	45	24.5	17.4	1.4	0.78	6	3	29	
5	1	292	45	24.5	17.4	1.4	0.78	12	3	18	
6	1.5	292	45	24.5	17.4	1.4	0.78	12	3	21	
7	2	292	45	24.5	17.4	1.4	0.78	12	3	23	
8	2.75	292	45	24.5	17.4	1.4	0.78	12	3	28	
9	3.5	292	45	24.5	17.4	1.4	0.78	12	3	32	
5	1	292	45	24.5	17.4	1.4	0.78	15	3	19	
6	1.5	292	45	24.5	17.4	1.4	0.78	15	3	22	
7	2	292	45	24.5	17.4	1.4	0.78	15	3	25	
8	2.75	292	45	24.5	17.4	1.4	0.78	15	3	29	
9	3.5	292	45	24.5	17.4	1.4	0.78	15	3	33	

3. 船舶下沉量控制标准

根据以上计算结果，建议夏季超大型船舶控制吃水为 20.8 m，冬季控制吃水为 19.5 m。根据上述吃水控制标准，VLCC 和散货船的富余水深控制标准（UKC/d）如表 9.16 和表 9.17 所示。

表 9.16　VLCC 富余水深控制标准（UKC/d）

季节	航速/kn	方形系数		
		0.7	0.74	0.87
夏季	6	14%	14%	15%
	12	14%	17%	18%
	15	14%	18%	19%
冬季	6	19%	19%	20%
	12	19%	19%	20%
	15	19%	19%	20%

表 9.17　散货船富余水深控制标准（C_B=0.79）

季节	航速/kn	UKC/d/%
夏季	6～15	14
冬季	6～15	22

9.2.2　渤海海域超大型船舶安全航速控制标准

1. 最大航速计算模型（垂向控制条件）

随着船舶航速的增加，船舶的下沉量也随之增大，且相同航速条件下，水深越浅下沉量越大，因此，当船舶航行至浅水区时，需适当控制船舶，防止船速过快导致下沉量较大而引起搁浅等事故的发生。渤海海域超大型船舶航路存在 24.5 m 的浅区，且船舶下沉量随着船舶速度的提高而增大，因此船舶是否会发生搁浅与船舶速度存在直接联系。在此结合构建的船舶下沉量数学计算模型和富余水深确定船舶最大速度限制标准。

船舶最大安全航速模型为

$$V_{\max} = 12.5(h - d - \delta\rho - \Delta B - H_{\frac{1}{2}w} - \delta d) + 1.44h/d - 11.25C_B + 10 \tag{9.5}$$

式中：h 为水深；d 为船舶吃水，取船舶最大吃水；$\delta\rho$ 为不同水密度的水域中平均吃水改变量；ΔB 为横倾增加吃水；$H_{\frac{1}{2}w}$ 为半波高；δd 为油水消耗减少吃水。

2. 最小航速计算模型（横向控制条件）

图 9.1 所示为漂移距离与航道尺度关系示意图，d_s 为船舶与航道间的安全距离。由于船舶应舵时间 T 与船舶速度 V 存在一定的正比关系，为保证船舶在航道内安全通航，应满足条件：T 时间内因风致漂移和流致漂移总量 B_d 应小于船舶在航道内可偏移的距离 D，即

$$B_d < D = \frac{B_r}{2} - \frac{B}{2} - (B + L\sin\gamma)/4$$

$$\gamma = K\left(\frac{V_w}{V_V}\right)^2 \sin Q_w + \arcsin\left(\frac{V_c \sin Q_C}{V_V}\right) \tag{9.6}$$

式中：B_r 为航道宽度；B 为船舶宽度；γ 为偏航角；L 为船长；V_w 为相对风速；V_c 为流速。

$$B_d = \left(0.041\sqrt{\frac{B_a}{B_w}}\,e^{-0.14V}V_w + V_c\sin\gamma\right)T \tag{9.7}$$

式中：B_a 为船体水线上侧受风面积；B_w 为船体水线下侧面积；V 为船速；T 为时间。

为解算船舶速度 V，对 B_d 进行线性化处理。渤海海域重点监控船舶应为 VLCC 和超大型散货船，两种船型的最大速度通常在 16 kn 以内。因此，对 B_d 在船速 6～16 kn 进行线性化处理。

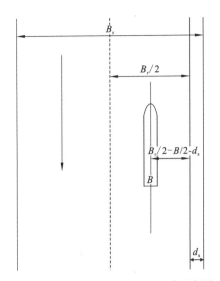

图 9.1　漂移距离与航道尺度关系示意图

船速为 6～12 kn：

$$B_\mathrm{d} = \left(\sqrt{\frac{B_\mathrm{a}}{B_\mathrm{w}}} (-0.0018V + 0.0279) V_\mathrm{w} + V_\mathrm{c} \sin\gamma \right) \cdot T \qquad (9.8)$$

船速为 12～16 kn：

$$B_\mathrm{d} = \left(\sqrt{\frac{B_\mathrm{a}}{B_\mathrm{w}}} (-0.0009V + 0.0183) V_\mathrm{w} + V_\mathrm{c} \sin\gamma \right) \cdot T \qquad (9.9)$$

线性化的置信度均为 0.9897，船舶操纵指数 T 的回归方程为

$$T = \left(26.464 + 0.408 C_\mathrm{B} \frac{Ld}{A_\mathrm{R}} - 0.033 \frac{L}{B} \frac{Ld}{A_\mathrm{R}} - 79.114 C_\mathrm{B} + 0.757 \frac{L}{B} + 46.129 C_\mathrm{B}^2 \right) \frac{L}{V} \quad (9.10)$$

式中：L 为船长；d 为船舶吃水；C_B 为方形系数；A_R 为舵面积。

则船舶安全航行最小速度限定数学模型如下：

$$V_{\min} = \frac{C_1 C_3 \cdot V_\mathrm{w} + V_\mathrm{c} \sin\gamma}{D + C_1 C_2 \cdot V_\mathrm{w} \cdot T' \cdot L} T' \cdot L \qquad (9.11)$$

其中：船速为 6～12 kn，则 $C_1 = 0.0018$，$C_2 = 0.0279$；船速为 12～16 kn，则 $C_1 = 0.0009$，$C_2 = 0.0183$；$C_3 = \sqrt{B_\mathrm{a}/B_\mathrm{w}}$。

考虑集装箱船在渤海海域超大型船舶航路航行时受吃水限制相对较小，仅选择 VLCC 和散货船"宇中海"轮、"中腾海"轮开展限制速度的实例研究工作，以 9.2.1 小节确定的吃水作为计算标准。

在不同横风、横流等不利通航条件下，各船型计算结果如表 9.18～表 9.22 所示。

表 9.18   "远富湖"轮不同风流条件下的计算结果

风级		波高/m	风速/(m/s)	V_{min}/kn			V_{max}/kn
				流速 1 m/s	流速 1.5 m/s	流速 2 m/s	
夏季	0	0	0.2	6	6	7	16
	1	0.1	0.5	6	6	7	16
	2	0.2	3.3	6	6	7	16
	3	0.6	5.4	6	6	7	16
	4	1	7.9	6	6	7	16
	5	2	10.9	6	6	8	16
	6	3	13.8	6	6	9	16
	7	4	17.1	6	6	10	16
	8	5.5	20.7	7	禁航		12
	9	7	24.4	禁航			
	10	9	28.4				
冬季	0	0	0.2	6	6	7	16
	1	0.1	0.5	6	6	7	16
	2	0.2	3.3	6	6	7	16
	3	0.6	5.4	6	6	7	16
	4	1	7.9	6	6	8	16
	5	2	10.9	6	6	8	16
	6	3	13.8	6	6	9	16
	7	4	17.1	6	7	10	16
	8	5.5	20.7	6	8	12	16
	9	7	24.4	6	10	禁航	15

表 9.19   "远荣湖"轮不同风流条件下的计算结果

风级		波高/m	风速/(m/s)	V_{min}/kn			V_{max}/kn
				流速 1 m/s	流速 1.5 m/s	流速 2 m/s	
夏季	0	0	0.2	6	6	6	16
	1	0.1	0.5	6	6	6	16
	2	0.2	3.3	6	6	6	16
	3	0.6	5.4	6	6	6	16
	4	1	7.9	6	6	7	16
	5	2	10.9	6	6	7	16
	6	3	13.8	6	6	8	16
	7	4	17.1	6	6	9	16
	8	5.5	20.7	6	7	11	16
	9	7	24.4	6	11	禁航	14
冬季	0	0	0.2	6	6	6	16
	1	0.1	0.5	6	6	6	16
	2	0.2	3.3	6	6	6	16
	3	0.6	5.4	6	6	6	16
	4	1	7.9	6	6	7	16
	5	2	10.9	6	6	7	16
	6	3	13.8	6	6	8	16
	7	4	17.1	6	6	9	16
	8	5.5	20.7	6	7	11	16
	9	7	24.4	6	9	13	15

表 9.20　"NewParadise"轮不同风流条件下的计算结果

风级		波高/m	风速/（m/s）	V_{min}/kn			V_{max}/kn
				流速 1 m/s	流速 1.5 m/s	流速 2 m/s	
夏季	0	0	0.2	6	6	10	16
	1	0.1	0.5	6	6	10	16
	2	0.2	3.3	6	6	10	16
	3	0.6	5.4	6	6	11	16
	4	1	7.9	6	7	11	16
	5	2	10.9	6	7	12	16
	6	3	13.8	6	8	14	16
	7	4	17.1	6	10	15	16
	8	5.5	20.7	7	12	禁航	16
	9	7	24.4	6	禁航		12
冬季	0	0	0.2	6	6	10	16
	1	0.1	0.5	6	6	10	16
	2	0.2	3.3	6	6	10	16
	3	0.6	5.4	6	6	11	16
	4	1	7.9	6	7	11	16
	5	2	10.9	6	7	12	16
	6	3	13.8	6	8	14	16
	7	4	17.1	6	10	15	16
	8	5.5	20.7	7	12	禁航	16
	9	7	24.4	11	禁航		14

表 9.21 "宇中海"轮不同风流条件下的计算结果

风级		波高/m	风速/m/s	V_{min}/kn			V_{max}/kn
				流速 1 m/s	流速 1.5 m/s	流速 2 m/s	
夏季	0	0	0.2	6	6	6	16
	1	0.1	0.5	6	6	6	16
	2	0.2	3.3	6	6	7	16
	3	0.6	5.4	6	6	7	16
	4	1	7.9	6	6	8	16
	5	2	10.9	6	6	9	16
	6	3	13.8	6	6	10	16
	7	4	17.1	6	8	12	15
	8	5.5	20.7	9	禁航		12
	9	7	24.4	禁航			
冬季	0	0	0.2	6	6	6	16
	1	0.1	0.5	6	6	6	16
	2	0.2	3.3	6	6	7	16
	3	0.6	5.4	6	6	7	16
	4	1	7.9	6	6	8	16
	5	2	10.9	6	6	9	16
	6	3	13.8	6	6	10	16
	7	4	17.1	6	7	11	16
	8	5.5	20.7	6	9	13	16
	9	7	24.4	8	12	禁航	15

表 9.22　"中腾海"轮不同风流条件下的计算结果

风级	波高 /m	风速 / (m/s)	V_{min}/kn			V_{max}/kn
			流速 1 m/s	流速 1.5 m/s	流速 2 m/s	
0	0	0.2	6	6	6	15
1	0.1	0.5	6	6	6	15
2	0.2	3.3	6	6	6	15
3	0.6	5.4	6	6	6	15
4	1	7.9	6	6	7	15
5	2	10.9	6	6	8	15
6	3	13.8	6	6	9	15
7	4	17.1	6	7	10	15
8	5.5	20.7	6	9	12	15
9	7	24.4	8	11	14	15

表 9.18~表 9.22 中数据仅为参考，由于船型、船舶尺度不同，在实际航行过程中，应根据船舶自身情况，以及航行水域的风、流状况进行计算确定。

3. 安全航速范围（纵向要求）

渤海海域船舶交通流速度分布集中在 6~18 kn，以 10~12 kn 最为集中，考虑追越影响、交通流拥堵影响和船舶维持舵效所需的最小速度等，计入表 9.18~表 9.22 的计算结果，建议渤海海域航速控制范围为 6~12 kn，航行船舶应根据自身条件和航行自然环境做相应调整。

9.2.3　渤海海域超大型船舶通航安全间距控制标准

1. 横向间距分析

基于 5.1.2 小节超大型船舶船间水动力干扰通用模型，以 30 万 t 级油轮为例，采取模型计算和船间水动力干扰船模试验的方式进行比对分析。如图 9-2 和图 9-3 所示，计算和试验结论表明：无量纲处理后，超大型船舶在会遇或追越状态下，两船间横向间距达到 0.6 倍船长时，两船间产生的船间水动力干扰对本船运动影响较小。因此，建议渤海海域超大型船舶在会遇或追越状态下，本船应与他船保持 0.6 倍船长的横向间距，两船船长不一致时，应取船长较大值作为间距衡量标准。

渤海海域超大型船舶间横向间距要求如下：

$$B_h = 0.6\max(L_1, L_2) \tag{9.12}$$

式中：B_h 为船舶间横向间距；L_1 为本船船长；L_2 为他船船长。

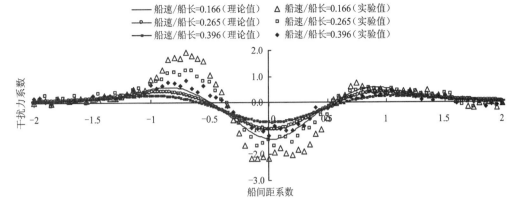

图 9-2　会遇状态船船水动力干扰船模试验与理论结果对比

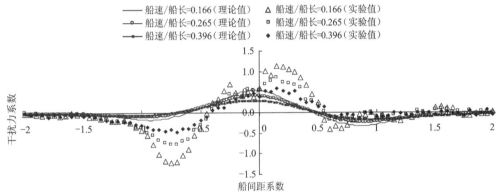

图 9-3　追越状态船船水动力干扰船模试验与理论结果对比

2. 渤海海域超大型船舶纵向安全间距

依据 5.2 节理论，计算渤海海域超大型船舶纵向安全间距。

1）船舶停车冲程

采用 Topley 船长提出的经验估算式：

$$S = 0.024C \times V_0 \qquad (9.13)$$

式中：V_0 为船舶停车时船速；S 为船舶停车冲程；C 为船速减半时间常数。

根据式（9.13）计算，可得 10 万 t 级船舶停车冲程，见表 9.23。

表 9.23　10 万 t 级船舶停车冲程

V_0/kn	C/min	S/n mile
14	14	4.7
12	14	4.0
8	14	2.7
6	14	2.0

根据式（9.13），可算得 15 万 t 级船舶停车冲程，见表 9.24。

表 9.24　15 万 t 级船舶停车冲程

V_0/kn	C/min	S/n mile
14	17	5.7
12	17	4.9
8	17	3.3
6	17	2.4

根据式（9.13），可算得 20 万 t 级船舶停车冲程，见表 9.25。

表 9.25　20 万 t 级船舶停车冲程

V_0/kn	C/min	S/n mile
14	20	6.7
12	20	5.8
8	20	3.8
6	20	2.9

2）船舶倒车冲程

紧急停船距离经验估算法为

$$S = \frac{1}{2}\frac{Wk_x}{gT_p}V_0^2 \qquad (9.14)$$

式中：S 为倒车冲程；g 为重力加速度（$g=9.8\ \text{m/s}^2$）；W 为船舶排水量；k_x 为船舶前进方向虚质量系数，VLCC 或肥大型船舶可取 1.07；T_p 为螺旋桨倒车拉力，估算时可用后退倒车功率来估算；V_0 为船舶倒车时船速。根据式（9.14），选取一些船舶进行计算，结果如表 9.26 所示。

表 9.26　船舶倒车冲程计算实例

船名及类型	排水量/t	船长/m	航速/kn	倒车功率/kW	倒车冲程/m	倒车冲程船长比
伊子春丸	121 688	246	16.6	16 905	3371.6	13.7
10 万 t 级集装箱船	132 540	347	22.7	42 665	2161.5	6.2
10 万 t 级油轮	123 289	246	14.4	13 432	2743.9	11.2
20 万 t 级散货船	202 000	290	14.6	12 510	4958.4	17.1
"阿斯特"油轮	321 260	332	14.1	15 394	5994.4	18.1
"新天堂"油轮	338 983	330	16	21 490	5834.3	17.7

当水深吃水比小于 1.5（老铁山—曹妃甸深水航路 CD 段、老铁山—仙人岛深水航路 CD 段），超大型船舶容易发生搁浅事故。一旦前船发生搁浅事故，前船的制动距离 S_{b2} 就是所有可能发生的情况中的最小值（$S_{b2} \approx 0$），因此船舶纵向安全间距应为

$$S_0 = S_{b1} + S_t + S_m \tag{9.15}$$

计算实例见表 9.27。

表 9.27　船舶参数表

船舶及类型	排水量/t	船长/m	额定航速/kn	倒车功率/kW	倒车冲程/m
伊子春丸	121 688	246	16.6	16 905	3371.6
10 万 t 级集装箱船	132 540	347	22.7	42 665	2161.5
10 万 t 级油轮	123 289	246	14.4	13 432	2743.9
20 万 t 级散货船	202 000	290	14.6	12 510	4958.4
"阿斯特"油轮	321 260	332	14.1	15 394	5994.4
"新天堂"油轮	338 983	330	16	21 490	5834.3

当前船容易搁浅时，可算出各种船舶与前船之间的纵向安全间距，如表 9.28 所示。

表 9.28　船舶纵向安全间距　　　　　　　　　　　　（单位：m）

船舶 1	船舶 2	船舶 3	船舶 4	船舶 5	船舶 6
4130	3209	3434	5699	6762	6658

当水深吃水比大于等于 1.5 时，主要考虑前船采取其他制动措施或主机故障，其制动距离 S_{b2} 均应大于其倒车冲程，因此后船在确定安全间距时，前船制动距离 S_{b2} 取其倒车冲程是最有利的。

可以通过 VHF 与前船联系或通过其他手段获得前船的倒车冲程，从而确定 S_{b2} 的取值；无法获得前船倒车冲程的准确值时，可根据各类船舶在额定航速时的倒车冲程经验数据来确定前船制动距离 S_{b2}，见表 9.29。

表 9.29　各类船舶在额定航速时的倒车冲程

船舶排水量	倒车冲程与船长之比	倒车冲程/m
10 万 t 级	10～13	2100～3000
15 万～20 万 t 级	13～16	3900～4500
30 万 t 级	17～18	5500～6000

注：从安全角度考虑，S_{b2} 应取较小值

当前船速度并非额定航速时，可根据同一艘船舶的倒车冲程与速度的平方成正比的关系算出[式（9.14）]，因此船舶纵向安全间距应为

$$S_0 = S_{b1} + S_t + S_m - S_{b2}$$

（1）当后船的倒车冲程小于或等于前船的倒车冲程时，会出现 $S_{b1} \leqslant S_{b2}$ 的情形，此时船舶纵向安全间距应为

$$S_0 = S_t + S_m = 1132 \, (\text{m})$$

（2）当前船是 10 万 t 级的船舶，后船是 15 万～20 万 t 级的船舶时，采用表 9.29 中的数据，利用船舶纵向安全间距模型 $S_0 = S_{b1} + S_t + S_m - S_{b2}$ 进行计算，可得船舶纵向安全间距为

$$S_0 = S_{b1} + S_t + S_m - S_{b2} = 4500 + 772 + 360 - 2100 = 3532 \, (\text{m})$$

（3）当前船是 15 万～20 万 t 级的船舶，后船是 30 万级的船舶时，采用表 9.29 中的数据计算，可得船舶纵向安全间距为

$$S_0 = S_{b1} + S_t + S_m - S_{b2} = 6000 + 772 + 360 - 3900 = 3232 \, (\text{m})$$

（4）当前船是 10 万 t 级的船舶，后船是 30 万 t 级的船舶。采用表 9.29 中的数据计算，可得船舶纵向安全间距为

$$S_0 = S_{b1} + S_t + S_m - S_{b2} = 6000 + 772 + 360 - 2100 = 5032 \, (\text{m})$$

利用前面一些具体船舶参数给出计算实例，可算出各种船舶之间的纵向安全间距，如表 9.30 所示。

表 9.30　船舶纵向安全间距　　　　　　（单位：m）

前船	后船					
	船舶 1	船舶 2	船舶 3	船舶 4	船舶 5	船舶 6
船舶 1	—	859	690	2327	3390	3287
船舶 2	1969	—	1273	3538	4600	4497
船舶 3	690	791	—	2814	4018	2756
船舶 4	697	798	690	—	1803	781
船舶 5	681	782	681	725	—	765
船舶 6	740	841	690	741	927	—

注：当后船速度大于前船速度时，后船应减到与前船同速行驶